DISCOURS

ET RAPPORTS

DE

M. THOINNET DE LA TURMÉLIÈRE

DÉPUTÉ DE LA LOIRE-INFÉRIEURE

CLICHY. — Imp. PAUL DUPONT, 12, rue du Bac-d'Asnières.

DISCOURS

ET RAPPORTS

DE

M. THOINNET DE LA TURMÉLIÈRE

DÉPUTÉ DE LA LOIRE-INFÉRIEURE

AU SUJET DE LA LOI CONCÉDANT

A LA

COMPAGNIE GÉNÉRALE TRANSATLANTIQUE

de nouveaux services correspondants aux lignes

DE

SAINT-NAZAIRE

Extrait du Moniteur.

PARIS,

IMPRIMERIE ADMINISTRATIVE DE PAUL DUPONT,

Rue J.-J.-Rousseau, 41, hôtel des Fermes.

1868

RAPPORT

FAIT

*Au nom de la Commission * chargée d'examiner le projet de loi approuvant les stipulations financières contenues dans une convention passée entre le Ministre des finances et la Compagnie générale transatlantique, pour l'exploitation d'un service postal entre Panama et Valparaiso,*

PAR M. THOINNET DE LA TURMÉLIÈRE,

Député au Corps législatif.

Messieurs,

Vous avez comblé, par les lois du 3 juillet 1861 et du 11 juillet 1866[**], l'importante lacune existant dans nos lignes postales de la mer des Antilles ; désormais la Compagnie générale Transatlantique est en possession du service complet de l'Amérique du Nord, des golfes du Mexique et du Darien. Mais sur le revers occidental du continent Sud américain, sont groupés de nombreux États dont les populations ont avec nos mœurs, nos usages et notre religion des points d'affinité et de sympathie qui les attirent vers nous. Ces peuples

----

[*] Cette Commission est composée de MM. Fleury, *président;* Sens, *secrétaire;* Granier de Cassagnac, Le Mélorel de la Haichois, Garnier, Chesnelong, le comte Caffarelli, Dolfus, Thoinnet de la Turmélière.

[**] Votée sur le rapport de M. Toinnet de la Turmélière.

cependant ne voient flotter sur les eaux de l'océan Pacifique que les pavillons du service postal anglais. Aussi nos agents consulaires signalent-ils, depuis longtemps à notre Gouvernement l'opportunité d'une ligne de poste régulière destinée à mettre ces populations en communication suivie avec la France. Les mêmes vœux sont exprimés par nos nombreux nationaux répandus sur ces côtes, en même temps que par les habitants de ces contrées.

Ces aspirations et ces vœux ont été entendus par le Gouvernement.

Le commerce extérieur, dont le Gouvernement cherche partout à favoriser l'expansion, était vivement intéressé à la création d'une ligne postale entre Panama et Valparaiso. En effet, la Colombie, l'Équateur, le Pérou, la Bolivie et le Chili entretiennent avec nous un mouvement commercial dont le chiffre ne s'élève pas à moins de 130 millions. Ce chiffre, déjà considérable, ne peut manquer de s'accroître dans les proportions déjà éprouvées ailleurs, quand une ligne française, *en communication directe avec celle de Saint-Nazaire à Colon-Aspinwal*, desservira toute la côte du Pacifique et permettra ainsi à nos nationaux et au commerce sud américain de s'affranchir de l'intermédiaire des services postaux anglais, aujourd'hui en possession exclusive de cette mer, où nos intérêts sont déjà si importants.

Nos lignes postales embrassent dès à présent tout l'Atlantique ; elles ont été portées dans l'océan Indien, et tout récemment dans les parties les plus reculées de l'extrème Orient. Il est impossible d'admettre que les contrées du Pacifique, infiniment plus rapprochées que ces dernières, ne soient pas dotées de communications directes avec la France, quand elles sont déjà en relations intimes avec nos grands ports de commerce.

Il est utile de redire ici le rôle que nos paquebots jouent dans ces contrées lointaines, à l'avantage commun de la civilisation, des idées modernes et du commerce international.

Leur rôle consiste sans doute à transporter rapidement les correspondances et les personnes : mais là où les correspondances arrivent promptement, là où vont les hommes, vont les affaires. Ces missionnaires du progrès fortifient en outre l'action de nos agents diplomatiques près de peuples enclins à mesurer la puissance d'un État à ce qu'ils peuvent en apercevoir; à un point de vue plus élevé et plus général encore, on peut dire qu'ils portent dans les plis de notre pavillon l'influence civilisatrice et le génie pratique de la France.

Votre Commission, par tous ces motifs, a pensé que l'établissement d'une ligne postale entre Panama et Valparaiso était d'une utilité incontestable.

A qui cette ligne devait-elle être confiée?

La réponse à cette question est facile. Il est évident que la Compagnie qui dessert les golfes du Mexique et du Darien, qui a étendu son réseau dans toute la mer des Antilles, qui y possède ses magasins et ses comptoirs, devait être chargée de l'établissement d'une ligne qui n'est, pour ainsi dire, que la suite de celle de Saint-Nazaire à Colon-Panama. D'ailleurs, l'article 11 des conventions du 24 avril stipule que, dans le cas où le Gouvernement reconnaîtrait l'utilité d'un prolongement des services postaux dans l'océan Pacifique, il en réservait la préférence à la Compagnie déjà chargée de la ligne de Saint-Nazaire à Colon-Aspinwal.

L'État, fortement intéressé d'ailleurs à ne pas se trouver en face d'un monopole, animé de l'équitable désir de sauvegarder dans une certaine mesure les intérêts engagés dans cette importante affaire, a proposé à la Compagnie un système nouveau de subvention qui, en assurant ses propres intérêts, en ne lui imposant qu'un sacrifice moins considérable que celui qu'il eût dû subir dans les conditions actuelles, peut cependant garantir aux actionnaires et aux obligataires un intérêt de 5 p. 0/0.

Examinons ici, Messieurs, le caractère et la portée du système de subvention qui a toujours été pratiqué jusqu'à ce jour, et de celui dont le Gouvernement fait aujourd'hui la première application.

Ce dernier consiste à substituer à l'usage des subventions élevées une allocation fixe restreinte et une subvention éventuelle limitée à un maximum déterminé sous la forme d'une garantie d'intérêt.

Il a paru à votre Commission être préférable à celui employé jusqu'à ce jour, parce qu'en étant utile à la situation de la Compagnie, il n'aggravera pas en fait les charges du Trésor.

En effet, d'après les calculs qui ont servi de base aux conventions passées avec la Compagnie des services maritimes des Messageries impériales, en 1861, le chiffre de la subvention était de 0 fr. 18,25 par cheval-lieue. Si on l'eût appliqué aux 11,080,800 chevaux-lieues nécessaires entre Panama et Valparaiso, on fût arrivé à une somme de 2,022,266 francs à allouer à la Compagnie Transatlantique, au lieu de celle de 643,354 fr. 30 c., ce qui constitue une différence de 1,378,911 fr. 70 c., qui, multipliée par les quinze années de durée de la concession, donne un total de 20,683,665 francs *. Telle est l'économie considérable faite par l'État dans la nouvelle concession, comparativement aux conditions accordées en 1861 aux Messageries impériales pour un service analogue.

L'économie, il est vrai, est moins importante si l'on compare les subventions données à la Compagnie avec le type dernièrement consenti aux Messageries impériales. Dans le projet de convention en ce moment soumis au Corps législatif, ce type n'est en effet que de 0 fr. 14,69, qui, appliqué comme il est dit ci-dessus, donne encore à l'État un bénéfice annuel de 984,435 fr. 22 c., qui, multiplié par les quinze années pour lesquelles la convention est faite, donne un chiffre de 14,766,528 fr. 30 c.

---

* Sur la subvention de 750,000 francs, 100,000 francs sont applicables à la ligne de Saint-Thomas à Colon.

Il importe de remarquer que si la Compagnie des Messageries impériales a pu consentir à ce qu'on abaisse sa subvention de 0 fr. 18,25 à 0 fr. 14,69, cela tient à ce que cette grande Compagnie a déjà, pour ses services précédemment concédés, établi des lieux de dépôts, des comptoirs, des magasins au delà de l'isthme de Suez, dont profiteront ses nouveaux services, sans exiger un accroissement notable.

La Compagnie Transatlantique, au contraire, n'a pas un seul établissement à l'ouest de l'isthme de Panama ; elle est obligé de construire sur tout son parcours, qui compte plus de quinze points d'atterrissements, tous les établissements nécessaires à son grand service.

Elle a de plus à supporter les frais considérables qui s'appliquent à des bâtiments qui ne rentreront jamais dans les ports français pour y former leurs équipements et refaire leurs approvisionnements ; l'exploitation de tous les services s'opérera à grandes distances, en pays étrangers, où tous les objets nécessaires à un armement et les mains-d'œuvre atteignent des prix bien supérieurs à ceux payés en France.

L'argument que nous avons employé peut donc être maintenu dans toute sa force.

La subvention accordée par la convention, qui ne s'élève qu'à 623,334 fr. 30 c., serait donc infiniment trop restreinte, et la Compagnie n'aurait pu, sans aucun doute, y consentir, si l'on n'avait trouvé dans la garantie d'intérêt l'équivalent de la réduction de la subvention fixe.

Dans quelle mesure le sacrifice consenti par l'État, dont le maximum s'élève à 2 millions, pèsera-t-il sur l'avenir ? Il est permis de répondre assez exactement à cette question.

La Compagnie Transatlantique a distribué 9 et 7 p. 0/0 à ses actionnaires en 1865 et 1866 ; en 1867, alors que la source productive du Mexique était tarie, elle est arrivée à donner encore 4 p. 0/0. C'est dans cette année seulement que la garantie de l'État eût dû s'exercer pour une somme de 400,000 francs, si la présente convention avait été en vigueur.

Mais nos relations avec le Mexique reprendront peu à peu : le commerce efface le souvenir des conflits, et les intérêts réunissent souvent ceux mêmes que des hostilités ont séparés.

La ligne du Pacifique est d'ailleurs de nature à venir combler dans une certaine mesure, par son trafic, le déficit de la ligne de la Verà-Cruz.

La ligne américaine de Panama à Yokoama vient d'entrer en correspondance avec la ligne de Saint-Nazaire à Colon, et d'ouvrir ainsi une nouvelle voie vers la Chine, dont le trafic profitera en partie à la Compagnie Transatlantique.

On peut donc croire, sans être téméraire, que la garantie de l'État ne dépassera pas le chiffre des subventions actuellement accordées.

Vous savez, Messieurs, quelles conditions l'État impose à la Compagnie en échange des facilités qu'elle lui donne, en dehors du partage possible des bénéfices de l'exploitation au delà de 8 p. 0/0. Il exige la présentation de toute la comptabilité, de tous les résultats de l'entreprise, du mouvement général des marchandises et des transports effectués. C'est la première fois qu'une Compagnie consent à ce que le Gouvernement pénètre ainsi dans l'intimité de sa gestion. C'est pour le public un motif de confiance et pour les actionnaires la plus sérieuse des garanties.

Cette innovation a déjà été appliquée en Angleterre, le pays où la non-intervention de l'État dans les affaires des grandes Compagnies est pour ainsi dire passée en principe ; la Compagnie d'Hohyhead à Dublin et celle de Southampton en Chine et au Japon ont obtenu une garantie d'intérêt de 6 p. 0/0, et la somme maximum payable chaque année par le gouvernement anglais va jusqu'à 2,500,000 francs pour la Compagnie Péninsulaire seulement.

Il a donc paru à votre Commission que ce nouveau système méritait d'être encouragé ; il a été sagement choisi par S. Exc. M. le Ministre des finances, pour être appliqué à la

Compagnie Transatlantique, eu égard aux circonstances financières où il se produit.

Un dernier point restait à examiner.

C'était la situation financière de la Compagnie. Au moment où l'État s'intéressait dans les résultats annuels de l'exploitation de cette Société, il importait de se faire une idée exacte des conditions de son établissement, de l'intégralité de son capital et de la valeur réelle de son actif.

L'exposé des motifs nous faisait connaître que toute la comptabilité de la Compagnie, que tous les documents et les pièces à l'appui avaient été mises à la disposition du Conseil d'État.

Si grande que fût cette garantie, votre Commission a voulu se livrer par elle-même à la vérification de ces documents ; elle a cru qu'il était de son devoir de renouveler l'examen déjà fait et d'apprécier directement les éléments de la situation. Elle s'est transportée au siége de la Société, s'est fait présenter la comptabilité et les pièces les plus propres à éclairer son jugement ; elle a tenu entre ses mains les projets, les devis et les comptes de l'immense matériel naval consacré à l'exploitation.

Nous nous empressons de le reconnaître, le résultat de nos recherches a été satisfaisant.

Nous avons pu constater d'abord l'intégralité du capital. Ce capital s'était formé, lors de sa constitution en 1861, de la manière suivante :

40 millions provenant de 80,000 actions de 500 francs, ci.. 40,000,000

Produit de l'emprunt de 32 millions, payables à 425 francs.............................. 13,600,000

Avances par l'État........................ 14,600,000

Total.... 72,200,000

sur quoi il a été remboursé à l'État un amortissement de 3,200,000 fr. ; le capital de 1861 est donc réduit à 69 millions.

Or, au lieu de 69 millions, l'actif de la Compagnie, au 31 décembre 1867, montre 78,136,000 francs de valeurs. La différence, qui est de 9,136,000 francs, provient des réserves d'amortissement pour la dépréciation du matériel naval, des réserves pour assurances, et des réserves statutaires cumulées depuis 1861 et figurant parallèlement au passif.

En réduisant l'actif de ces 9,136,000 francs, on reconnaît qu'après ce retranchement les 69 millions dus au passif sont exactement représentés à l'actif par des valeurs réelles dont la partie principale est le matériel naval employé au service postal.

Or, ce matériel naval consiste en 21 navires d'un tonnage de 80,000 tonnes de déplacement et d'une force de 17,000 chevaux-vapeur. Aux termes de l'inventaire du 31 décembre 1867, la flotte de la Compagnie est portée comme ayant coûté 56,747,436 fr. 72 c., sans y comprendre les frais de premier établissement. Les vérifications qui ont été mises à la disposition de la Commission lui ont donné la conviction que cette somme a bien réellement été payée par la Compagnie.

Mais ce prix a-t-il été exagéré ? la Compagnie a-t-elle payé trop cher son matériel naval, de telle sorte qu'il dût être diminué dans l'évaluation de l'actif d'une somme plus ou moins considérable ? A cet égard, un point de comparaison a permis à votre Commission de reconnaître que ce matériel avait été acquis dans de bonnes conditions. L'évaluation d'un bateau à vapeur se fait sous le double point de vue du tonnage de déplacement et du nombre de chevaux-vapeur. Ce mode d'estimation a été employé par les autres grandes Compagnies de navigation postale, et porté dans leurs comptes rendus annuels.

Il a donc été facile de vérifier que la Société Transatlantique a payé des prix plutôt inférieurs que supérieurs à ceux consentis par les autres grandes entreprises du même genre.

Ce matériel a été d'ailleurs vérifié avant sa mise en service par une commission composée des hommes les plus compétents, présidée par l'honorable directeur M. Dupuy de Lôme.

Enfin, Messieurs, il nous a été donné de reconnaître que la base d'amortissement annuel, adoptée par la Compagnie pour la dépréciation de son matériel naval, était analogue à celle appliquée par les entreprises similaires.

Au 31 décembre 1867, le chiffre de l'amortissement destiné à compenser l'usure de la flotte, depuis sa récente mise en service, était portée à 5, 698, 776 fr. 31 c.

La valeur du matériel, et par conséquent du capital social en dehors de ces considérations, reçoit encore une nouvelle affirmation qui ressort d'un fait non contestable. C'est l'excellent service que fait la Compagnie, c'est le soin et la régularité avec laquelle elle accomplit les obligations qui lui sont imposées.

Ses services sur les Antilles, Colon et la Vera-Cruz sont exempts de difficultés particulières.

Mais la Compagnie avait, dans ses lignes sur New-York, à lutter contre les puissantes Compagnies anglaises. On croyait bien difficile d'atteindre leurs vitesses et on les a dépassées ; on a été plus loin, dans ce sens, que le cahier des charges ne le prescrivait, et cela sans accidents, sans imposer aux coques et aux machines une tâche au-dessus de leurs forces. La Compagnie n'a pas tardé à prendre sur le trafic anglais une somme de 238,000 francs par voyage.

La France est donc sortie, à son honneur, de cette lutte pacifique.

Ce sont là, Messieurs, des résultats dont il faut tenir grand compte, et des efforts qu'il faut encourager, mais qui n'eussent pas suffi à déterminer la Commission à vous proposer d'adopter le projet de loi soumis à vos délibérations si, dans l'examen sévère qu'elle a fait de la situation de la Compagnie, elle n'avait trouvé les réponses les plus positives à toutes les objections qui pourraient se produire.

Votre Commission a cependant provoqué deux modifications aux articles 4 et 5 de la convention.

La première a eu pour objet de déterminer que les trois bâtiments à affecter au service du Pacifique devront être des bâtiments entièrement neufs. C'était, d'ailleurs, dans l'esprit de la convention, mais il nous a semblé utile de rendre le texte plus explicite.

La modification portant sur l'article 5 a consisté essentiellement dans la substitution au mot *capital social* du mot *capital total*, obligations et actions. Ce capital total est actuellement de 53 millions environ, et, en vertu de la convention nouvelle, c'est ce même capital total, et non pas le capital action seulement, qui pourra être élevé à 60 millions par un appel nouveau d'environ 7 millions. Il résulte de l'exposé des motifs que telle était en effet la pensée de la convention ; la Commission a voulu seulement qu'elle fût indiquée avec plus de précision et qu'elle n'ouvrît la porte à aucun doute sur son sens véritable.

Les deux articles 4 et 5 ont donc été rédigés ainsi qu'il suit :

Art. 4.

« *La Compagnie affectera au service du Pacifique trois bâtiments neufs*, qui devront être construits en France et viendront en augmentation de l'effectif de la flotte, tel qu'il est réglé par l'article 2 de la convention du 17 avril 1865 e par l'article 2 de la convention du 16 mars 1866. »

(La fin de l'article comme au projet.)

Art. 5.

« A titre de rémunération pour les services ci-dessus stipulés, l'État s'engage pendant la durée du présent :

« 1° A payer à la Compagnie une subvention annuelle

de 750,000 francs, ce qui élèvera de 9,495,173 francs à 10,245,173 francs le total des subventions fixes attribuées à l'ensemble des services;

« 2° A garantir, à partir du 1er juillet 1868, un intérêt de 5 p. 0/0, compté après payement de tous les frais d'exploitation et de toutes dépenses résultant des charges sociales qui sont énoncées à l'article 52 des Statuts de la Compagnie, *sauf les modifications résultant des dispositions ci-après :*

« Cet intérêt portera sur le capital total, *actions et obligations*, constitué tant pour l'exploitation des services actuellement accomplis par la Compagnie, que pour l'exécution des nouvelles lignes.

« Le capital, *actuellement de* 52,596,575 francs, pourra être porté jusqu'à 60 millions, sans que la garantie de l'État puisse, dans aucun cas, dépasser par an la somme de 2 millions.

« D'un autre côté, si les bénéfices dépassent 8 p. 0/0, l'État entrera en partage de l'excédant dans la proportion d'un quart contre trois quarts au profit de la Compagnie. »

(La fin de l'article et de la convention, comme au projet.)

L'honorable M. Pouyer-Quertier a présenté deux amendements, et, en venant les défendre dans le sein de la Commission, il a demandé d'abord, et avant tout, le rejet du projet de loi, et subsidiairement sa modification par l'adoption de ces amendements.

Le premier porte sur l'article 5, ainsi conçu :

« Réduire la garantie de 2 millions de francs portée au titre V à la somme de 837,000 francs, représentant la garantie au taux de 4,65 du capital de 18 millions de francs, montant des obligations actuellement émises. »

Par les motifs qui ont été développés dans ce rapport, la

Commission croit devoir faire porter la garantie d'intérêt sur le capital total, actions et obligations de 60 millions, sous la réserve d'un maximum de 2 millions. Il est à remarquer que cette garantie constitue une subvention éventuelle qui n'est elle-même que la rémunération d'un service postal, et qu'en la réduisant aux limites que l'honorable M. Pouyer-Quertier lui assigne, il eût fallu augmenter le chiffre de la subvention fixe. D'ailleurs, en ajoutant même à la garantie de 837,00 francs, consentie par notre honorable collègue, la subvention fixe de 750,000 francs, on n'obtient encore qu'une somme inférieure à celle qui eût dû être accordée à la Compagnie dans le système de la subvention fixe.

Le second amendement, relatif à l'article 7, est conçu dans les termes suivants :

« Remplacer l'article 7 du projet par le suivant :

Art. 7.

« L'État avancera à la Compagnie une somme de 4 millions de francs remboursable par dixièmes à raison de 200,000 francs par semestre, imputable sur la subvention à partir du 1er janvier 1870. Les intérêts comptés à 5 p. 0,0 seront remboursés à partir de la dixième année en deux annuités.

« Cette avance de 4 millions ne sera remise à la Compagnie Transatlantique qu'après la mise à l'eau des bâtiments neufs construits en France et destinés à ce nouveau service.

« Avant la remise de ladite somme, et comme garantie des avances du Trésor, un inventaire détaillé sera dressé par les soins des agents désignés par le Ministre des finances pour établir l'importance du matériel naval sur lequel repose la garantie spéciale que l'État se réserve par la présente loi.

« Cet inventaire sera soumis, l'année suivante, à la Commission du budget du Corps législatif. »

Nous n'avons pas cru devoir suivre M. Pouyer-Quertier dans ce système de restriction, qui s'écarte de tous les pré cédents. En effet, dans les conventions précédentes, les avances faites par l'État ont toujours été payées, soit à la Compagnie des Messageries impériales, soit à la Compagnie Transatlantique, non pas après l'exécution des travaux, mais pendant la période de construction des navires, et ces avances n'ont jamais été productives d'intérêt.

Quant à l'inventaire demandé par M. Pouyer-Quertier, les droits réservés au Ministre des finances par l'article 6 de la convention nous paraissent de nature à sauvegarder pleinement les intérêts de l'État.

Il ne faut pas oublier, Messieurs, que la Compagnie Transatlantique se trouve, par suite de la rupture de nos relations avec le Mexique, dans une position qu'elle n'a pu prévoir. Il y a là un cas de force majeure dont elle subit les conséquences. Son trafic sur la ligne de la Vera-Cruz est devenu presque nul. C'est là une situation dont il faut tenir compte dans une juste mesure.

Telles sont les considérations qui ont déterminé votre Commission à n'apporter à la convention passée entre l'État et la Compagnie Transatlantique que les modifications que nous avons eu l'honneur de vous faire connaître.

Elle est unanime pour vous proposer l'adoption du projet de loi suivant :

RAPPORT SUPPLÉMENTAIRE

présenté le 26 juin 1868 en séance publique,

*Au nom de la Commission * chargée d'examiner le projet de loi approuvant les stipulations financières contenues dans une convention passée entre le Ministre des Finances et la Compagnie générale Transatlantique, pour l'exploitation d'un service postal entre Panama et Valparaiso.*

PAR M. THOINNET DE LA TURMÉLIÈRE
Député au Corps législatif.

MESSIEURS,

Votre Commission n'a pas perdu un instant pour préparer l'amendement qui devait réaliser la pensée exprimée, dans la séance du 18 juin, par le Corps législatif.

Elle a adopté la rédaction proposée par notre honorable collègue M. Pouyer-Quertier, en précisant plus encore qu'il ne l'avait fait les obligations imposées à la Compagnie générale Transatlantique.

L'amendement qu'elle a envoyé au Conseil d'État est ainsi conçu :

« Avant la remise du premier terme de la somme de 4 mil-

---

* Cette Commission est composée de MM. Fleury, *président;* Sens, *secrétaire;* Granier de Cassagnac, Le Mélorel de la Haichois, Garnier, Chesnelong, le comte Caffarelli, Dolfus, Thoinnet de la Turmélière.

lions stipulée par l'article 7 de la convention et comme garantie des avances du Trésor, un inventaire détaillé sera dressé par les soins des agents désignés par le Ministre des finances, pour établir l'importance du matériel naval sur lequel repose la garantie spéciale que l'État se réserve par la présente loi.

« Cet inventaire sera soumis l'année suivante à la Commission du budget du Corps législatif. »

Cette disposition nouvelle pouvait être inscrite soit dans la convention, soit dans la loi.

Votre Commission a pensé qu'il était préférable d'en faire un article 2 du projet de loi.

En adoptant ce parti, il devenait inutile de remanier le texte de la convention, de recourir à de nouveaux consentements, à de nouvelles signatures, et l'on gagnait un temps précieux.

D'ailleurs, il nous a semblé que l'on consacrait ainsi d'une manière sinon plus efficace, du moins plus solennelle, la volonté du Corps législatif, qui a surtout voulu garantir l'avance de l'État par un matériel d'une valeur incontestable.

Nous avons pensé, Messieurs, rentrer ainsi dans vos intentions qui sont à la fois de sauvegarder les intérêts de l'État et d'assurer l'exécution complète d'un service public.

Le Gouvernement est entré dans la même voie, et le Conseil d'État a formulé une rédaction définitive dans les termes suivants :

« Art. 2 (nouveau).

« La somme de 4 millions, stipulée par l'article 7 de la convention, ne sera versée à la Compagnie Transatlantique qu'après la mise à l'eau des bâtiments neufs construits en France et destinés au nouveau service.

« Avant tout payement de cette somme et comme garantie

des avances du Trésor, un inventaire détaillé sera dressé par les soins des agents désignés par le Ministre des finances et aux frais de la Compagnie pour établir l'importance du matériel naval sur lequel repose la garantie spéciale que l'État se réserve par la présente loi.

« Cet inventaire sera soumis, l'année suivante, à la Commission du budget du Corps législatif. »

Cette partie du rapport était terminée et nous nous proposions d'en donner lecture au Corps législatif dès le 16 juin, quand la Commission a été saisie de six nouveaux amendements de MM. Pouyer-Quertier et Brame, et d'un amendement de M. Quesné. Nos honorables collègues demandaient, en outre, à être entendus.

Il devenait donc impossible à votre Commission de déposer son rapport aussitôt qu'elle l'eût désiré. Il importait d'étudier avec soin, avec maturité, les amendements proposés.

Elle a entendu, depuis cette époque, MM. Pouyer-Quertier, Brame et Quesné. Après un débat qui a été pour ainsi dire contradictoire, MM. Pouyer-Quertier et Brame ont déclaré à la Commission renoncer à tous leurs amendements, si elle consentait à adopter dans son principe la proposition de l'honorable M. Quesné.

Nos collègues ont ajouté que dans l'hypothèse où la Commission ne pourrait admettre l'amendement de M. Quesné, ils ne comptaient laisser subsister parmi les leurs que celui qui porte le n° 3.

Votre Commission se trouve donc d'abord en présence de l'amendement de M. Quesné ; il est ainsi conçu :

« Rédiger ainsi l'article 6 :

« Pour sauvegarder les intérêts de. l'État, préalablement à l'exécution de la présente convention, il sera fait, par les soins du Ministre des finances, une estimation détaillée de toutes les valeurs appartenant à la Compagnie et de son

actif net. Si cet actif n'atteint pas le chiffre de 52,596,575 francs, la différence devra être déduite du capital de 60 millions, sur lequel porte, au *maximum*, la garantie de l'État, aux termes de l'article 5.

« Le Ministre des finances déterminera, en outre, les formes suivant lesquelles la Compagnie sera tenue de justifier de sa situation financière, des résultats de son exploitation et du règlement de ses bénéfices annuels. »

La proposition de notre honorable collègue nous a paru le résultat d'une confusion qui s'est faite dans son esprit sur le véritable sens et sur la portée de la convention. Hâtons-nous d'ajouter que cette confusion est née de la rédaction primitive de la convention même. C'est cette rédaction qu'il faut rendre responsable de l'erreur commise par M. Quesné.

Notre honorable collègue a pu croire que le projet de loi avait pour but de garantir l'intérêt à 5 p. 100 sur le capital actuel de la Compagnie, représentée par son matériel et les autres valeurs de son actif. Il en tirait cette conséquence logique que le matériel ainsi que les autres parties de l'actif, devaient être avant tout expertisés, afin d'en apprécier la valeur et de proportionner la subvention, garantie d'intérêt, au chiffre du capital résultant de l'expertise.

Mais telle n'est point la portée ni le sens de la convention.

Le Gouvernement n'a point entendu assurer une garantie quelconque au capital de la Compagnie, dans quelque proportion qu'il existe actuellement ; il a voulu simplement assurer une rémunération modérée au capital employé par elle et originairement versé sous forme d'actions et d'obligations, et cela seulement en cas d'insuffisance des produits de l'exploitation et dans une limite d'engagement déterminée d'avance.

Dans ce système, qui s'applique au simple revenu de l'exploitation et non pas aux valeurs représentant le capital, il est absolument inutile d'apprécier et d'estimer soit la valeur du matériel, soit celle des autres parties de l'actif ; l'État n'a pas le plus léger intérêt à cette évaluation ; tout ce qui lui importe, c'est que le service se fasse dans les conditions déterminées par les conventions. Si ce service s'arrêtait, toutes les obligations de l'État envers la Compagnie cesseraient à l'instant, et les subventions n'auraient plus lieu d'être payées, ce qui prouve, d'une façon péremptoire, que l'État ne garantit à la Compagnie aucune partie de son capital.

Il nous était donc impossible, Messieurs, par les réflexions qui précèdent, d'adopter l'amendement de M. Quesné.

Celui de MM. Pouyer-Quertier et Brame devait dès lors être examiné ; il est ainsi conçu :

« Ajouter à l'article 4, entre le deuxième et le troisième paragraphes :

« Malgré les vitesses déterminées aujourd'hui par les présentes conventions entre M. le Ministre des finances et la Compagnie, il est bien entendu que la Compagnie sera tenue de maintenir la perfection de son matériel au niveau des Compagnies concurrentes, et qu'elle devra toujours réaliser une vitesse moyenne égale à la leur.

« Une différence de 10 p. 0/0 en moins pendant une année donnerait lieu à une réduction de moitié sur les subventions accordées pour tous les services de la Compagnie transatlantique. »

L'amendement, ainsi formulé, est en opposition complète avec les termes des conventions et cahiers des charges. Les vitesses y sont déterminées ; l'échantillon des paquebots y est fixé ; les subventions sont établies en concordance avec ces fixations. Vouloir que toutes ces conditions, mûrement préparées et équilibrées, soient remplacées par la mobilité complète résultant des chances d'une invention ou d'un perfectionnement nouveau dans l'art naval, sans tenir compte à la Compagnie d'un dédommagement quelconque pour les dépenses nécessitées par des modifications devenues obligatoires, c'est demander une chose impossible, car c'est substituer à des conventions fixées, déterminées, l'aléa le plus dangereux. La Commission n'a pu adopter ce système nouveau, qui n'a jamais été appliqué ni en Angleterre ni en France.

Toutefois, et pour ce qui concerne le système des subventions éventuelles, les explications de nos honorables collègues, les opinions qu'ils ont exprimées pour dissiper toute confusion, ont amené la Commission à apporter une modification dans la rédaction de l'article 5 de la convention.

Sa rédaction définitive demeure ainsi formulée, car nous avons obtenu à ce sujet l'adhésion du Gouvernement.

« Art. 5

« A titre de rémunération pour les services ci-dessus stipulés, l État s'engage pendant la durée du présent traité :

« 1° A payer à la Compagnie une subvention annuelle de 750,000 francs, ce qui élèvera de 9,495,173 francs à 10, 245,173 francs le total des subventions fixes attribuées à l'ensemble des services ;

« 2° A lui payer, à partir du 1er juillet 1868, une subvention éventuelle destinée à compléter pour un capital actions, en cas d'insuffisance des produits de l'entreprise, un intérêt de 5 p. 0/0 compté après payement de tous les frais d'exploitation et de toutes dépenses résultant des charges sociales qui sont énoncées à l'article 52 des statuts de la Compagnie.

« Le capital total (actions et obligations) pourra être porté jusqu'à 60 millions, sans que la subvention éventuelle puisse, dans aucun cas, dépasser, par an, la somme de 2 millions.

« D'un autre côté , si les bénéfices dépassent 8 p. 0/0, l'État entrera en partage de l'excédant dans la proportion d'un quart, contre trois quarts au profit de la Compagnie.

« Le compte des intérêts à payer ou des bénéfices à partager sera établi et réglé chaque année.»

Cette rédaction dissipera, nous n'en doutons pas, toutes les équivoques, et le Corps législatif ne verra dans la convention que ce qui s'y trouve véritablement, à savoir, à côté d'une subvention fixe, dont le chiffre a été considérablement réduit, un complément de subvention éventuelle, ne s'appliquant qu'aux revenus de l'exploitation dans l'hypothèse où ils seraient insuffisants.

Enfin, Messieurs, hier seulement, M. le vicomte Lanjuinais nous a fait parvenir un amendement dont voici les termes :

« Les tarifs de la Compagnie transatlantique seront homologués par le Gouvernement dans la même forme que ceux des chemins de fer.

« Il ne sera accordé aucune détaxe autre que celles réglées par les tarifs. Les détaxes entre le lieu d'expédition et celui de destination profiteront à tous les expéditeurs. »

Les opérations d'une Compagnie de paquebots transatlantiques n'ont aucun rapport avec l'exploitation d'une ligne ferrée. Puisant les éléments de leur trafic à l'étranger, luttant avec des Compagnies étrangères également subventionnées, n'ayant donc pas un monopole comme on l'a dit, les paquebots transatlantiques sont d'ailleurs soumis aux cours si mobiles des frets que l'on voit souvent hausser ou baisser de 50 p. 100 en quelques semaines. Il est donc absolument impossible de leur imposer un tarif qui, dans certaines occasions, les obligerait à naviguer à vide. Pour leur faire accepter une pareille condition, il faudrait augmenter leurs subventions.

Il ne faut pas oublier, Messieurs, que les subventions ne sont que la représentation du service rendu à l'État. Plus on aggravera les charges des Compagnies, plus il faudra augmenter les subventions.

Disons, en terminant, que tout en regrettant de n'être pas d'accord avec nos honorables collègues, nous avons été heureux de leur entendre affirmer qu'ils n'étaient point hostiles à cet important service.

Nous sommes convaincus que le Corps législatif est dans les mêmes sentiments, qu'il sait toute l'importance, toute l'utilité de la ligne dont il s'agit, pour le dévoloppement du commerce national. Déjà la Compagnie anglaise du Pacifique, qui vient de faire un premier voyage, a laissé à Saint-Nazaire 56 passagers : chiffre énorme pour le début d'un service.

Le Corps législatif ne voudra pas que notre pays se laisse devancer davantage, et plus il aura montré de réserve et de prudence dans l'examen des conditions des nouveaux services, plus il montrera de résolution pour les maintenir et les développer. (Très-bien ! très-bien !)

PREMIER DISCOURS

Prononcé dans la séance du 17 juin 1868.

***

M. Thoinnet de la Turmellière, *rapporteur*. Je demande la parole.

M. le Président Du Miral. La parole est à M. le rapporteur.

M. Thoinnet de la Turmellière, *rapporteur*. Je dois d'abord rendre complète justice à l'honorable M. Magnin; il n'a pas compliqué la situation ; il n'a pas posé de principes en dehors de la question ; il a pris le projet de loi corps à corps, et il a exposé très-nettement les critiques qu'il entendait diriger contre ce projet.

Ainsi il a déclaré que ce qui lui paraissait critiquable dans les propositions qui étaient soumises à la Chambre, c'était la nouveauté du système de subvention qu'elles contiennent. Il a déclaré, en outre, que ce service postal qu'il s'agit d'établir entre Panama et Valparaiso ne lui paraissait pas motiver les sacrifices qu'on voulait imposer aux contribuables au point de vue des finances de l'État.

Ce sont là les deux reproches principaux que nous a adressés l'honorable M. Magnin.

Il nous en a adressé subsidiairement un troisième qu'il a tiré de l'article 52 du cahier des charges de 1861.

Sur ce dernier point, je ne lui ferai qu'une seule observation : il a un peu méconnu les travaux auxquels la Commission s'est livrée sur la nouvelle rédaction de l'article 5 de la présente convention. Les observations qu'il a présentées à la Chambre n'ont pas échappé à la commission, et c'est précisément même, en vertu de ces observations que la commission a rédigé tout autrement l'article 5 de la convention.

M. Garnier-Pagès. Donc M. Magnin a touché juste.

M. le Rapporteur. Mais je ne suis pas seulement en présence de l'honorable M. Magnin ; — vis-à-vis de lui, ma tâche serait courte, je ne dirai pas facile, car ses observations sont sérieuses ; toutefois il me serait permis de circonscrire mon sujet sur un terrain assez limité. Je suis encore en face de l'honorable M. Pouyer-Quertier sur le terrain duquel il faut que je porte aussi mes investigations et voici pourquoi : d'une part, il est l'auteur d'amendements que je dois examiner ; d'autre part, il vient de demander la parole et il a cherché à confondre dans une seule et même argumentation deux projets de lois : l'un qui vient d'être adopté ; l'autre qui est, en ce moment, soumis à votre délibération.

Je comprends très-bien qu'il ait désiré les confondre, car il eût échappé ainsi à une contradiction dans laquelle il va certainement tomber...

M. Pouyer-Quertier. Je vous remercie de me prévenir.

M. le Rapporteur. Je suis heureux de le faire.

L'honorable M. Pouyer-Quertier a déclaré qu'il ne fallait pas accorder à la Compagnie des Messageries impériales la subvention qu'elle a demandée, parce qu'elle est très-riche et qu'elle peut subvenir largement à ses besoins.

Il ne va pas soutenir, en présence de la Compagnie transatlantique, que le dividende qu'elle donne est trop fort, alors qu'elle ne distribue que 4 0/0.

M. Pouyer-Quertier. Non ! non !

M. le Rapporteur. De sorte qu'il va être obligé d'employer un autre argument. Je me fie à son habileté, les arguments ne lui manqueront pas…(On rit) ; mais il sera obligé d'en chercher d'autres.

Voilà, Messieurs, ce que j'avais préalablement à vous dire.

Je tenais aussi à signaler une erreur matérielle qu'il a commise. L'honorable M. Pouyer-Quertier a dit que la Compagnie Transatlantique allait recevoir de l'État 70 millions. C'est 11 millions seulement, si je ne me trompe. (M. Pouyer-Quertier fait un geste de dénégation.)

Je vois que mon honorable collègue n'a pas présentes les paroles qu'il a prononcées tout à l'heure.

M. Pouyer-Quertier. 70 millions pour les messageries impériales.

M. le Rapporteur. C'est 11 millions seulement, plus la subvention éventuelle de garantie.

En effet, il ne s'agit de voter que 750,000 francs de subvention annuelle, formant un capital de 11,000,000. De plus il y a à voter une garantie d'intérêt sur un capital de 60 millions, ne pouvant pas dépasser 2,000,000. C'est donc 11 millions, plus la garantie éventuelle.

Voilà la rectification que je tenais à faire.

Ceci étant posé, je vais aborder, si la Chambre le permet…

Voix nombreuses. Oui ! oui ! — Parlez ! parlez !

M. le Rapporteur. Je vais aborder les différents points de vue sous lesquels la Commission a examiné le projet de loi.

Vous étiez déjà très-édifiés sur sa nécessité, vous étiez très-édifiés sur l'opportunité de le voter ; mais, en dehors de vous, il y a le public sur lequel on a agi, et c'est ce public qui a droit, je m'empresse de le reconnaître, à des explications complètes et satisfaisantes. (Très-bien ! très-bien !)

Dans une de nos dernières séances, on a beaucoup parlé d'un opuscule signé par un financier, que je ne nommerai pas. Je ne viens pas attaquer cet opuscule, je ne veux le qualifier ni de libelle, ni de pamphlet, je crois que, pour me servir d'une expression consacrée, sur le terrain des affaires financières, jamais le mur de la vie privée ne doit être élevé ; je ne blâme

pas l'intervention de la presse dans les questions qui intéressent le public, parce qu'elle peut, par ses avertissements,
empêcher les pères de famille d'égarer leurs économies. Je
crois que toutes les questions qui peuvent éclairer le public
sur la valeur des Compagnies, sur la valeur morale de leurs
administrateurs, sont du domaine de la presse, je crois que
tous les documents, de quelque part qu'ils viennent, doivent
être pris en considération.

Il y a ici une objection, on dit : Si vous ajoutez trop de
confiance à ces attaques de la presse, vous allez ébranler des
crédits chancelants. Eh bien, je le déclare, je ne vois pas
grand mal à cela, si la presse ne s'adresse qu'aux crédits
chancelants. Je crois que les attaques contre les Compagnies
ne sont un préjudice que pour celles qui sont dans une mauvaise situation. On peut ternir la réputation d'un homme juste,
il est impossible, ce me semble, de faire croire qu'une Société,
qu'un homme riche n'ont pas le sou. L'argent a des lueurs
qu'il n'est pas possible d'obscurcir ; on peut obscurcir la vertu,
mais l'argent, non. (On rit.) Je ne crains donc pas l'intro-
mission de la presse dans les questions d'argent.

M. Pouyer-Quertier. Très-bien !

M. le Rapporteur. Elle a un autre côté moral. Il arrive souvent dans la vie des hommes d'affaires un moment pénible,
je l'avoue...

Un membre. Difficile !

M. le Rapporteur. C'est celui où ils sont obligés de choisir
entre la considération et leur fortune. Eh bien, quand le
choix est fait, il importe que ce choix soit connu du public,
parce que c'est la récompense de ceux qui ont tourné du
côté de la considération, et que c'est le châtiment trop court,
hélas ! de ceux qui ont incliné du côté de la fortune. (Très-bien !)
La petite presse seule, qui n'a aucun ménagement politique
à garder, qui vit de ces choses-là, la petite presse me semble
avoir qualité pour faire là une action morale. Ce n'est peut-

être pas la seule qu'elle puisse faire, mais c'en est toujours une. (Nouvelle approbation.)

Cela dit, arrivons au projet de loi. La Commission l'a examinée sous quatre points de vue différents qui résument tous les détails et l'ensemble du projet de loi. Le projet de loi est-il utile? à qui la concession du service de Panama et de Valparaiso doit-elle être faite ? La Compagnie transatlantique, pour laquelle elle est réservée, est-elle en état, par sa situation financière, de l'accepter ? enfin, et j'arrive ici à l'objection principale de l'honorable M. Magnin, la subvention est-elle suffisamment justifiée, et le système nouveau qui a été adopté mérite-t-il votre approbation ?

Messieurs, sur le premier point, je veux être très-bref. L'honorable M. Pouyer-Quertier a bien renouvelé, à propos des messageries impériales, cette théorie surannée, non pas pour lui (Chuchotements), mais pour les véritables économistes (je lui en demande pardon), que la subvention donnée à un service postal créait une concurrence à la marine marchande. Nous examinerons tout à l'heure cette question.

Je dis que la question de l'utilité du service entre Panama et Valparaiso, c'est la question de l'utilité des paquebots en général; et si vous admettez qu'un service postal qui porte des voyageurs, qui porte les correspondances, qui entretient des relations, soit utile au point de vue du commerce extérieur dans une partie quelconque du monde, ce service est excellent entre Panama et Valparaiso, parce que nous avons là quatre États parfaitement prospères, la Colombie, l'Équateur, le Chili, j'allais oublier le Pérou, qui entretiennent avec la France d'actives et importantes relations.

Je sais que ces relations ne produisent pas plus de 130 millions, et M. Pouyer-Quertier a dit : 100 millions. Cela ne vaut pas la peine que vous fassiez un service postal. C'est bien là l'idéal que lui et ses amis ont toujours tendu à faire prévaloir dans cette Assemblée : la concentration dans le marché intérieur, de toutes les forces industrielles et commerciales du pays, pas d'expansion pour le commerce extérieur ; contentons-nous du marché intérieur, développons-le, soignons-le, détruisons les grandes Compagnies, mais apparemment pas les grands industriels (On rit), et concentrons entre leurs mains les destinées commerciales et industrielles du pays.

Eh bien, ai-je besoin de vous dire que ce n'est pas là la politique du gouvernement? Non, vous le savez, et ce n'est pas la politique de tous ceux qui s'intéressent au commerce de nos ports, qui depuis vingt ans, par leurs ardeurs, par leur intempérants désirs, ont retardé la concession des lignes transatlantiques. J'ai entre les mains les documents les plus complets pour vous prouver que tous les hommes d'État qui appartiennent même à cette petite église économique dont M. Pouyer-Quertier est l'éloquent représentant ici, ont été d'avis qu'il fallait à tout prix organiser les services transatlantiques.

M. Guéroult. C'est M. Thiers qui a pris l'initiative.

M. le Rapporteur. Voulez-vous que je vous lise ce qu'a écrit à ce sujet M. Thiers? La question remonte à 1840, et la Chambre ne peut que gagner à écouter M. Thiers bien plus qu'à m'écouter moi-même. Voici comment il s'exprimait dans l'exposé des motifs du 6 mai 1840 :

« La navigation à vapeur a fait de tels progrès depuis ces dernières années, que les questions naguère douteuses se trouvent résolues. De grands espaces ont été parcourus en peu de jours par des bâtiments à vapeur. Plusieurs ont déjà fait de nombreuses traversées d'Angleterre en Amérique, et il n'est bruit que d'établissements nouveaux formés chez nos voisins pour correspondre avec toutes les parties du globe. Au milieu de ce mouvement imprimé à des entreprises éminemment utiles, la France ne saurait demeurer inactive; notre *commerce souffrirait nécessairement* des retards que les communications de nos ports avec l'Amérique éprouveraient, tandis que celles de nos concurrents deviendraient chaque jour plus nombreuses et plus rapides. Il y a donc pour nous nécessité absolue de marcher dans la même voie et de ne pas nous y laisser devancer plus longtemps par d'autres nations. »

Il y a de cela vingt-huit ans, et, je le répète, ce sont les antagonismes des ports qui ont empêché les gouvernements d'arriver plus tôt à la concession des lignes transatlantiques.

Je passe le rapport de M. de Salvandy, celui de M. Ducos, tout cela ne ferait que confirmer ce que je viens de dire. Il suffit de l'autorité de tels noms pour comprendre déjà qu'on attachait la plus grande importance à la création des lignes transatlantiques.

Mais arrivons aux faits ; les opinions, quelque respectables qu'elles soient, disparaissent devant les faits. Voulez-vous savoir ce que le commerce de la France a gagné au Mexique, importation et exportation, de 1862 à 1866 ? En 1862, le commerce général était de 22,900,000 francs ; en 1866, il était de 57 millions. Voulez-vous savoir quel est le commerce de la France avec la Colombie, les Antilles ?

En 1864, 68 millions ; en 1866, 118 millions depuis la création des paquebots transatlantiques.

Et je trouve là de suite une réponse à ce préjudice prétendu causé à la marine marchande dans la note que j'ai sous les yeux :

« En 1866, les importations et les exportations françaises par les seuls paquebots de la Compagnie générale Transatlantique atteignent 26 millions sur le Mexique. » Vous le voyez : 26 millions. Après avoir pris un tarif plus considérable que le mouvement général du commerce, les paquebots en ont laissé un plus considérable encore à la marine à la voile.

La même proportion existe sur le mouvement commercial entre la France, les Antilles et la Colombie.

Ainsi, Messieurs, au point de vue général de l'utilité des paquebots à vapeur, au point de vue général de leur rôle, si fécond pour le commerce, dont ils sont les pourvoyeurs, dont ils sont les missionnaires, dont ils sont, je me sers de l'expression commune, les commis-voyageurs, leur service, quel qu'il soit, est utile, on peut le dire, d'une manière générale, mais il est surtout utile là où il y a déjà un commerce étendu, et où les populations ont avec nos mœurs, avec notre religion, avec nos habitudes, des rapports communs et des rapports commerciaux établis depuis très-longtemps, et particulièrement avec Bordeaux et le Havre.

Je crois maintenant en avoir assez dit sur ce sujet pour que mon premier point soit établi : le service concédé est utile.

A qui ce service devait-il être concédé? C'est là mon second point.

La Compagnie qui occupe les golfes du Mexique et de Darrien, qui a son réseau sur toute la mer des Antilles, qui va à la Guayra et à Puerto Cabello, était naturellement la Compagnie qui devait être chargée du service postal. Mais en dehors de cela, il ne faut pas oublier une convention datant de 1861, disposant par son article 2 que le service de Panama à Valparaiso était réservé à la Compagnie générale Transatlantique. Ainsi donc le gouvernement, quoi qu'on en dise, n'a pas fait de la fantaisie, il n'a pas cherché à sauver une Compagnie qui n'avait pas besoin d'être sauvée; il n'exécute que le texte même d'une convention préablablemeut consentie. En vérité, je ne comprends pas que, sur ce point, il puisse s'élever la moindre opposition.

Ce que la Chambre comme le public ont le droit de se demander, c'est si cette Compagnie est en mesure d'exécuter, si elle fait un bon service, si elle atteint la limite de vitesse de son cahier des charges. Là-dessus les preuves abondent, on n'a que l'embarras du choix, et je veux d'abord m'adresser à un témoin *de visu;* je le cherche et ne le vois pas. C'est l'honorable M. Ancel.

Plusieurs voix. Il est là! il est là !

M. Ancel. Je suis présent.

M. le Rapporteur. Il a pour moi, entre autres mérites, celui d'habiter le Havre, de voir partir et revenir les paquebots transatlantiques ; il a de plus le mérite d'être le collègue de département de notre honorable contradicteur, M. Pouyer-Quertier. (On rit.)

M. Ancel. En effet, j'apprécie tous ces avantages-là. (On rit.)

M. le Rapporteur. Voici que M. Ancel disait, non pas en 1840, mais dans un discours très-bien fait, quoique **restrictif**, qu'il a prononcé, le 19 mai, avec une **modération dont** tout le monde lui a tenu compte.

M. Ancel. J'en suis très-heureux !

M. le Rapporteur. M. Ancel disait, en parlant des paquebots transatlantiques :

« Pour ma part, **je me** félicite beaucoup de voir la vapeur relier la France à l'Amérique, et le Havre placé à dix jours de New-York ; et les paquebots français, s'ils font concurrence à la marine marchande portent du moins dignement le pavillon français... » — Ah ! je n'avais pas lu cela ; ce sera facile à réfuter — « Et, à vrai dire, ils ne font pas un tort sérieux aux autres navires ; les marchandises qu'ils chargent seraient emportées par les paquebots américains ou par les paquebots anglais. » — Ah ! voilà le correctif. — « Eh bien, on doit le dire à l'honneur des paquebots français, ils ont détruit, au Havre du moins, la concurrence américaine ; la concurrence anglaise existe encore, elle est plus redoutable, mais le service français est mieux établi, et l'on ne peut que féliciter le pays de la création de ces magnifiques paquebots qui, par leur marche supérieure et leur installation perfectionnée, défient les entreprises rivales des autres nations.

C'est M. Ancel qui dit cela.

M. Ancel. Je le dis encore !

M. le Rapporteur. Quels sont ces paquebots ? Ce sont ceux de la Compagnie Transatlantique.

Ces paquebots ont réalisé un bien autre progrès. La plupart de nos Compagnies Transatlantiques n'ont dans leurs cahiers de charges que des vitesses de 9 nœuds à 9 nœuds et demi : c'est là le maximum pour la Compagnie des Messageries impériales. Sur la ligne de New-York au Havre, il fallait arriver à une vitesse de plus de 12 nœuds; or, savez-vous par quoi cela se résume? Croyez-vous que ce ne soit rien que de passer d'une vitesse de 9 nœuds et demi à une vitesse de 12 nœuds? Il y a une différence de chevaux du double et une augmentation de combustible de près de moitié. Ainsi, avec une force de 450 chevaux-vapeur, vous pouvez obtenir une vitesse de 9 nœuds et demi, et pour en obtenir une de 13 nœuds et demi à 14, il faut une force de 1,000 chevaux-vapeur, qui consomment 80 à 100 tonnes de combustible, tandis qu'avec l'autre vitesse on n'en consomme que 50 tonnes.

Il faut bien le dire, la Compagnie des transatlantiques a réalisé ce que personne n'aurait cru possible. Sans doute, les premiers essais n'ont pas été heureux par suite de vices de construction, — et qui ne commet pas d'erreur? — qui faisaient que la vitesse était moindre, et tout à l'heure je montrerai comment pour arriver à compenser ces vices de construction on s'est livré à des modifications qui ont entraîné des dépenses considérables, lesquelles ont été l'objet de critiques que plus tard on viendra probablement développer devant vous; mais la Compagnie a-t-elle fait un service convenable au point de vue du transport des voyageurs?

Voici un tableau qui présente la comparaison du nombre de passagers transportés par la célèbre Compagnie Cunard et par la Compagnie générale Transatlantique : du mois de janvier au mois de mai 1868, la ligne Cunard, en 20 voyages d'aller, a transporté 1,190 voyageurs; en 20 voyages de retour, 1,098. Total, 2,288.

La Compagnie générale Transatlantique, qui ne part que deux fois par mois, qui a par conséquent un service moindre et qui ne peut pas répondre à ce besoin dont l'honorable M. Magnin parlait tout à l'heure, à ce besoin du voyageur pressé qui ne peut pas attendre une ligne sympathique, confortable, qui est obligé de partir à un moment donné, la Compagnie Transatlantique a transporté dans dix voyages d'aller

1,143 voyageurs, et en dix voyages de retour 937, total 2,080 voyageurs. Moyenne par voyage simple 104 au lieu
de 57. En France nous nous laissons aller trop facilement aux
préventions ; j'en ferais un grief au pays s'il ne les oubliait
de même, ce qui évidemment est une compensation. (Sou-
rires.)

Il n'y a rien à dire à la Compagnie transatlantique, elle fait
un excellent service.

Ainsi donc, — et c'est là seulement ce que je voulais prouver, car je n'ai pas à faire son éloge, — en traitant avec elle,
le Gouvernement ne fait pas une action folle ; il fait une action sage, puisque la Compagnie lui offre son passé pour garantie.

Le service à établir étant utile, car je cherche à ne pas oublier mon point de départ, à qui devait-il être concédé ? A la
Compagnie qui offrait des garanties à l'avance. Le Gouvernement a-t-il pu logiquement, légitimement, prudemment, le
lui concéder ?

Vous venez de le voir, la Compagnie répond parfaitement
aux besoins de son trafic et remplit exactement les conditions
de son cahier des charges. (Très-bien! très-bien!)

M. Magnin. Quelles conditions ?

M. le Rapporteur. Quelles conditions ? C'est ce qui reste à
examiner.

Au moment où l'État s'apprêtait à traiter avec une Compagnie, il avait un devoir important à remplir : c'était de
savoir, non pas seulement si elle exécutait bien le service
dont elle était chargée, les faits en donnaient l'assurance,
mais si elle l'exécuterait bien à l'avenir ; en un mot, si sa
situation financière lui permettait d'exécuter, de continuer,
pendant la durée de la convention, le service qu'elle était
destinée à remplir.

L'opuscule financier auquel on a fait allusion nous a rendu
un grand service ; je ne suis pas de ceux qui le blâment ; j'y
ai trouvé la confirmation de ce que j'avais l'honneur de vous

dir) : c'est qu'on n'ébranle pas facilement le crédit d'une Compagnie financière bien assise.

. Nous avons eu là le résumé de confidences qui ont servi de base à la Commission.

Une sous-commission a été formée par elle dans son sein. Un journal d'hier disait que la Commission était arrivée d'aveu en aveu à reconnaître qu'elle avait désigné une sous-commission. Cela a toujours été public; nous n'avons jamais dissimulé que nous ayons désigné une sous-commission composée de quatre membres. M. Chesnelong n'a pas fait l'examen à lui seul, il était le rapporteur de la sous-commission à la Commission. Voilà la vérité dans toute sa netteté et toute sa simplicité.

Je n'ai pas besoin de dire que l'examen de la Commission a été très-consciencieux; mais ce que je puis dire, c'est que l'honorable M. Chesnelong a été choisi pour son rapporteur parce que lui-même est commerçant, et que nul, quelque talent qu'on lui suppose, ne peut aussi bien apprécier un bilan qu'un commerçant. Nous avons donc chargé M. Chesnelong, qui non-seulement a une grande autorité de parole, mais une grande spécialité, d'être rapporteur de la sous-commission.

Quoique la Commission n'eût pas à examiner le point capital de savoir si la Compagnie générale maritime, en donnant 24 millions à la Compagnie générale Transatlantique, ne lui a donné, comme dit l'opuscule, qu'un capital de 6 millions, elle a voulu se rendre compte de cette grave imputation.

M. Chesnelong, vous le savez, a été atteint, à cette place même que j'occupe en ce moment, et nous regrettons l'accident qui ne lui permet pas de prendre part à cette discussion. Je vais vous donner communication de notes très-suivies qu'il m'a laissées sur ce point :

« La Compagnie Transatlantique, en se constituant, eut-elle raison d'accepter pour 24 millions les valeurs de l'ancienne

Compagnie maritime, et n'eût-elle pas mieux fait de se fonder avec des ressources exclusivement nouvelles ? C'était la question qui se posait à l'occasion du projet de loi de 1861 ; elle ne se pose pas aujourd'hui.

« Est-il néanmoins exact de dire que l'on a pris pour 24 millions des valeurs qui n'en représentaient que 6 ? Non, car ces valeurs ont été réalisées ou amorties jusqu'à concurrence de 20 millions environ et figurent dans l'inventaire pour les 4 millions restants.

« Voici le résultat de la liquidation des 20 millions :

« La perte sur la réalisation a été de 5,069, 101 francs.

« Elle a été couverte au moyen d'une partie des bénéfices réalisés en 1863 et 1864 par le service provisoire de la ligne du Mexique. Donc, en ce qui concerne ces 20 millions, ils sont intégralement représentés dans l'actif actuel de la Compagnie, bien que leur réalisation ait amené une perte de 5 millions, et parce que cette perte a été compensée par les bénéfices du service provisoire du Mexique.

« Est-ce que cette perte n'avait pas été prévue ? Elle l'avait été si bien que la Compagnie avait été autorisée par ses statuts à émettre des obligations supplémentaires pour la couvrir. Grâce aux profits inattendus du service provisoire du Mexique, l'ancien actif s'est liquidé dans la proportion de 20 millions sur 24, sans recourir à l'émission de ces obligations supplémentaires, et sans qu'une perte finale ait été le résultat de cette liquidation, »

Une autre critique a été faite par M. Pouyer-Quertier lorsqu'il a dit : Vos 4 millions ne valent pas 300,000 francs ; voilà la réponse : « Quant aux 4 millions restants, est-il donc vrai qu'ils représentent à peine une valeur de 120,000 francs ?

« Ces 4 millions sont représentés, d'un côté, par un matériel naval et par des immeubles ; de l'autre, par des marchandises et des fonds de roulement. »

Ce n'est pas pour la Chambre que je donne ces détails,

mais il est important que cela reste dans la discussion. (Assentiment.)

« Le matériel naval se compose de 11 navires pêcheurs et transporteurs. Les immeubles consistent dans une corderie mécanique et des bâtiments à Granville, dans l'établissement de Saint-Pierre (Terre-Neuve), dans une usine située à Aubervilliers. — La valeur d'achat avait été de 2,362,179 francs ; — elle a été amortie de moitié et elle n'est plus portée dans les comptes de la Compagnie que pour..... 1,188,707 fr.

« A cette somme viennent se joindre les armements des navires à voiles pour........ 131,921

« Les marchandises, importations, exportations pour. 1,144,186

« Les fonds de roulement pour.......... 309,869

« Les fonds en compte courant pour...... 1,302,497

Total........... 4,077,180 fr.

« Ajoutons que les opérations seules de Terre-Neuve ont donné 260,000 francs de bénéfice en 1865 et 1866, et que si, en 1867, elles n'ont pas produit de bénéfice, elles ont couvert pourtant l'amortissement de 78,000 francs, qui, dans cet exercice, a été effectué sur la valeur de cet établissement.

« Ces chiffres sont décisifs, ajoute notre honorable collègue, nous ne sommes pas en présence de valeurs fictives et de pure fantaisie. Il y a là des valeurs réelles, subissant, chaque année, un amortissement en rapport avec leur dépréciation, et représentant la somme pour laquelle elles sont portées.

« Voila la vérité sur ce premier point. » (Très-bien ! trèsbien !)

Ainsi, Messieurs, cette critique qui a ému une certaine partie de l'opinion, ce fait d'une Compagnie qui aurait traité de la main à la main d'un actif de 24 millions ne représentant que 6 millions n'existe plus, il n'y a eu qu'une perte de 5 millions. Cette perte a été couverte par une mesure régulière, c'est-à-dire par l'affectation des bénéfices du service provisoire.

Maintenant, voyons quel est le capital social. Voilà encore un point sur lequel je demande la permission de lire encore les notes de M. Chesnelong ; cette lecture est indispensable. (Oui ! oui ! — Lisez ! lisez !)

Je l'ai dit dans mon rapport, j'y ai énoncé le bilan de la Société, son actif, son passif, j'ai indiqué les chiffres principaux, je les reproduis ici :

« Son capital, dit l'honorable M. Chesnelong, se compose de trois éléments : actions, obligations non amorties, solde des avances faites par l'État. Le rapport établit qu'il représente, à ce moment, une somme de 69,000,000 de francs.

« Je prends le bilan du 31 décembre 1867. L'actif s'élève à 83,300,000 francs environ, après déduction de 5,300,000 francs pour faire face au payement du dividente de l'exercice, montant à 1,600,000 francs, et d'un passif roulant, montant à 3,700,000 francs; il reste 78,000,000 francs de valeurs, pour représenter le capital de 69 millions qui constitue la réserve d'amortissement, la réserve statutaire et la réserve d'assurance. »

Ainsi cette Compagnie qu'on dit à la veille de cesser ses opérations a un actif de 83,300,000 francs.

Voilà la situation telle qu'elle résulte de la vérification des livres de la Compagnie. Mais les valeurs de l'actif sont-elles sérieuses ? C'est une des questions qu'on peut se poser.

Voici comment y répond M. Chesnelong .

« La partie de l'actif qui, jusqu'à concurrence de 4 millions, représente ce qui est anciennes valeurs de la Compagnie maritime, a été justifiée. Les établissements et le matériel naval auxiliaire de la Compagnie, d'une part, les approvisionnements généraux, d'autre part, entrent dans l'actif pour 9 millions environ. Ce chiffre n'a pas été contesté.

« Reste le matériel naval qui est porté pour une somme de 65 millions, savoir :

« 56 millions et demi, prix d'achat primitif et de transformations ultérieures ;

« 8 millions et demi, frais de premier établissement et intérêts des actions, pendant les trois années qui ont précédé la période d'exploitation et qui, conformément à l'article 52 des statuts, ont été payés sur le capital. »

A l'occasion de cette évaluation du matériel naval, deux questions se sont présentées. Vous savez que dans l'opuscule on a prétendu que les bateaux de la Compagnie avaient coûté moins cher que le prix qui figure au bilan de la Compagnie.

L'objection est faite par M. Chesnelong :

« La somme de 56 millions et demi représente-elle le coût réel de ce matériel naval ? Le prix de revient n'aurait-il pas été au contraire frauduleusement augmenté ? »

Vous voyez, Messieurs, que l'objection est dans toute sa force et que l'expression n'en est pas affaiblie.

« La somme de 56 millions et demi représente-t-elle exactement le coût réel de ce matériel naval ? Le prix de revient n'aurait-il pas été, au contraire, frauduleusement augmenté d'une somme plus ou moins considérable ?

« Le prix de revient est-il strictement égal, est-il supérieur aux prix analogues des Compagnies similaires ?

« Enfin le matériel naval est-il dans les conditions de bonne construction qui répondent de la valeur qui leur est attribuée ? »

Telles sont les questions que s'était posées M. Chesnelong.

Sur le premier point, et c'est le plus important, sur la question de savoir si la Compagnie a dit parfaitement la vérité quand elle a dit que son matériel naval lui coûtait 56 millions et demi : « Sur ce premier point, répond M. Chesnelong, voici ce que j'ai à dire : La Commission s'est transportée dans les bureaux de la Compagnie Transatlantique. Les factures et les titres de caisse relatifs aux achats des navires ont été mis à sa disposition. Elle n'a pas pu se livrer à une investigation minutieuse pour tous, » — il y en avait 21, nous ne pouvions pas les examiner tous, — « mais elle a procédé à l'examen le plus rigoureux et le plus détaillé sur quelques-uns; et voici le témoignage que je suis autorisé à apporter en son nom : Oui, le coût de certains paquebots a dépassé les prix prévus, d'après les premiers marchés, à raison d'additions complémentaires, d'améliorations introduites après coup, et, pour quelques-uns, à raison de réparations nécessitées par les imperfections de la première construction. Le prix de revient originaire » — j'avais l'honneur de faire allusion à ce point en commençant, le prix de revient originaire, — « a donc été accru, mais toutes les sommes portées au compte d'achat de matériel naval ont été réellement déboursées par la Compagnie. La preuve en a été faite pour nous, en ce qui concerne les vérifications auxquelles nous nous sommes livrés, et nous n'avons pas trouvé la moindre trace de majoration frauduleuse. »

Ainsi donc ce premier point très-considérable est écarté.

Quant au fait du prix de revient des bateaux, ils devaient coûter 3,200,000 francs. Il s'est trouvé qu'on a été obligé d'augmenter les appareils, les cabines et les chaudières; eh bien, tout ceci constitue une dépense; ce n'est pas un accroissement dû à de fausses manœuvres. Les aménagements, les cabines, ce sont des instruments d'exploitation qui devaient être portés à l'actif.

Du reste, dans les Compagnies anglaises, la même répartition a été faite, car on n'improvise pas d'un coup ces magnifiques navires qui portent avec tant de commodité les voyageurs. Dans toutes les Compagnies, en France et en Angleterre, on a porté ces dépenses au chapitre des frais de premier établissement.

Ainsi sont résolues les objections soulevées.

Messieurs, ce matériel a-t-il réellement coûté 56 millions ? car l'ordre logique de ma pensée ne fait pas défaut; ce matériel a-t-il réellement coûté 56 millions? Oui, il a réellement coûté 56 millions, je viens de le faire connaitre et de l'établir.

Maintenant, a-t-il été payé trop cher? Non, car je veux en venir à ce point de savoir si l'État a traité avec une Compagnie sérieuse qui représente réellement son capital.

Eh bien, il y a un moyen sûr de le savoir. Vous savez comment on établit le coût d'un bateau à vapeur. Il y a deux éléments dont doit tenir compte quiconque veut faire construire un bateau à vapeur. Ces deux éléments sont le tonnage de déplacement, et le prix de l'appareil propulseur, ou le cheval de vapeur.

Ainsi on dit : Un navire de 500 chevaux-vapeur et de 3,000 tonneaux de déplacement coûte tant, et si vous augmentez le nombre de chevaux et le tonnage de déplacement, le prix du navire augmente en suivant une progression normale. Nous avions à voir si, oui ou non, la Compagnie Transatlantique avait acheté convenablement son matériel; nous avions à voir ce qu'avaient fait les Compagnies rivales; si la Compagnie des Messageries impériales, qui est administrée avec une intelligence et une habileté auxquelles l'honorable M. Pouyer-Quertier lui-même a rendu hommage, si, dis-je, la Compagnie des Messageries impériales a payé ses constructions plus cher que la Compagnie Transatlantique.

La Compagnie Transatlantique a acquis son matériel à un prix convenable, elle n'a payé que ce qu'il fallait payer.

Ce matériel est-il bon? Les plans des paquebots, avant d'être commandés ont été vérifiés par une commission à laquelle se trouvait l'honorable M. Dupuy de Lôme dont personne assurément ne contestera la compétence.

Mais il y a quelque chose de meilleur que toutes les commissions, c'est le service exécuté, réalisé. J'ai dit tout à l'heure que, depuis trois ans, la Compagnie faisait le meilleur service; par conséquent, son matériel est excellent.

Voilà donc, à mon sens, trois questions qui ont été parfaitement étudiées, non pas par moi, mais par la Commission dont j'ai l'honneur d'être l'organe. Le service est utile; il

devait être concédé à la Compagnie générale Transatlantique,
et cette Compagnie offre les garanties voulues pour que l'État
ait pu traiter légitimement avec elle.

J'ai passé sous silence une foule de documents. On va probablement toucher à la question de l'amortissement. Sur ce
point-là, par exemple, j'ai des documents qui me permettront
de montrer que l'amortissement de la Compagnie générale
Transatlantique est porté à un chiffre au moins aussi considérable que l'amortissement pour toutes les Compagnies similaires.

J'arrive maintenant à la question de la subvention.

Le traité que le Gouvernement veut faire avec la Compagnie générale Transatlantique est-il onéreux ?

Le système nouveau qu'il a adopté doit-il être sanctionné
par la Chambre ? Tel est le point capital qu'il me reste à étudier.

L'honorable M. Pouyer-Quertier ne se doutait pas que tout
à l'heure il nous fournissait un argument quand il disait :
Comment ! vous êtes en présence d'une Compagnie qui est
dans une situation riche, prospère, qui donne 50 francs par
an, soit 10 0/0 à ses actionnaires, et cette Compagnie riche,
prospère, parfaitement administrée, vous ne voulez pas la
laisser livrée à ses propres forces, vous allez encore lui donner de l'argent pour grossir ses dividendes.

C'est là un reproche que M. Pouyer-Quertier ne peut pas
appliquer à la Compagnie Transatlantique ; d'un autre côté,
c'est un reproche qu'il ne peut pas adresser au système nouveau qui est proposé par le Gouvernement dans le projet de
loi actuel.

Ce système consiste d'abord à diminuer la subvention fixe
dans une proportion considérable et à accorder une subvention éventuelle.

Par ce procédé, on répond à une objection que je m'adres-
sais à moi-même. Les subventions, que sont-elles ?

L'honorable M. Reille vous a très-bien fait connaître leur

caractére : c'est la représentation d'un service rendu. Ce n'est nullement une protection accordée à la marine à vapeur, au détriment de la marine marchande ; je vous ai prouvé que la marine marchande attendait tout, pour développer ses transports, de cet auxiliaire puissant des navires postaux.

Plusieurs membres. C'est vrai ! très-bien !

M. le Rapporteur. Eh bien ! la subvention doit être nécessairement considérable ; car on ne se rend pas bien compte, quand on n'a pas vu, de ses yeux, un navire de 1,000 chevaux de vapeur et de 5,000 tonnes de déplacement sortir d'un bassin à flot ou d'un port, de ce qu'il doit coûter. Songez que cette grande machine est presque entièrement occupée par l'appareil propulseur et le charbon, qu'il reste à peine, pour couvrir les frais de l'entreprise, un fret très-peu considérable, qui ne peut consister qu'en des marchandises peu encombrantes et précieuses et en voyageurs.

Ces grands navires, dont le prix est considérable, sont obligés de partir à jour fixe, quel que soit l'état de l'atmosphère, quelle que soit la situation politique ou sanitaire : il faut qu'ils partent à jour fixe sans être pleins, même à moitié chargés.

Et, quant à la vitesse : les Anglais disent *times is money ;* c'est là surtout que le temps est de l'argent. Pour gagner quelques nœuds vous êtes obligés de doubler votre combustible et d'arriver à une dépense double.

Il faut tenir compte aussi des officiers. Savez-vous combien gagne un capitaine ? Rien moins que 20,000 francs. Les officiers sont en grand nombre, les équipages admirablement payés ; il y a des médecins, tout un service médical, un nombre de matelots qui dépasse toutes les limites nécessaires. Ce sont là des conditions imposées par l'État. Les transports faits pour l'État le sont à prix réduit. Il y a une foule de dépenses dont on ne peut se rendre compte quand on n'a pas vu soi-même les armements, et l'on ne se figure pas qu'on puisse trouver une Compagnie qui exploite une telle entreprise ! On n'a pas trouvé d'abord d'adjudicataires, et ce n'est que par suite de concessions qu'on est arrivé à faire prendre par la Compagnie générale Transatlantique le service dont elle est chargée.

Ainsi donc, les subventions qu'on alloue à des Compagnies de ce genre sont des subventions parfaitement légitimes et parfaitement justifiées.

Maintenant l'honorable M. Pouyer-Quertier a un argument très-sérieux.

M. Pouyer-Quertier. Vous faites tout mon discours d'avance. (On rit.)

M. le Rapporteur. Il dit : Vous parlez de votre situation ; vous affirmez que des subventions vous sont nécessaires. Mais voyez : vos voisins les Anglais naviguent à moitié prix ; ils ne demandent au gouvernement anglais que des subventions moitié moindres.

C'est parfaitement vrai, l'objection de l'honorable M. Pouyer-Quertier est d'une exactitude positive, seulement il faut faire la part du temps. Vous citez la Compagnie Péninsulaire, le *Royal Mail ;* mais combien ont-ils d'existence ? vingt-cinq, vingt ans au moins. Nos Compagnies, au contraire, se forment à peine. Or, si vous voulez établir une comparaison, je vous prie de l'établir dans des conditions normales, c'est-à-dire de comparer le chiffre des subventions anglaises la troisième ou la quatrième année de la fondation des Compagnies anglaises avec le chiffre de la subvention française. (C'est cela ! très-bien !)

Comment ! vous viendrez me dire que vous pouvez établir aujourd'hui ces éléments de comparaison ! Mais les Compagnies anglaises qui acceptent maintenant 5 centimes par cheval-lieue ont leur capital amorti, elles savent ce qu'elles font, du moins en général, pas toujours, comme je le dirai tout à l'heure ; elles ont amorti leurs actions, remboursé leurs obligations ; elles ont pu, en un mot, constituer leur trafic, leur clientèle.

Il n'en est pas ainsi des Compagnies transatlantiques qui commencent, qui ont eu tant d'obstacles à leur début. Ainsi tout le monde disait qu'on ne réussirait pas dans l'organisation de la ligne de New-York. Si vous faites une comparaison, faites-la sérieusement.

Je suis en mesure, moi, de la faire sérieusement. Vous avez parlé de la Compagnie du Pacific steam navigation, et vous avez dit : Cette Compagnie qui peut vous faire concurrence dans le Pacifique ne reçoit que 5 centimes, elle ne recevait de l'État, il y a quelques années encore, que 11 centimes. Le gouvernement anglais ne donnait que 11 centimes, mais il y ajoutait 9 centimes, que les États de l'Équateur, du Pérou, de la Bolivie, donnaient à la Compagnie; c'était donc au total 20 centimes; par conséquent si on voulait donner à la Compagnie Transatlantique ce que le gouvernement anglais a donné à la Compagnie anglaise, ce serait 20 centimes par cheval-lieue, c'est-à-dire 2,022,000 francs, au lieu de la somme de 750,000 francs que nous avons établie dans notre rapport comme étant la subvention normale, analogue à celle des Messageries impériales. Je ne vais pas jusque-là. Admettons que nous n'eussions pas été obligés de lui donner 2,022,000 francs qui sont cependant parfaitement le chiffre auquel on doit arriver ; admettons les 750,000 francs, et voyons quel est le système nouveau intronisé par le Gouvernement ; voyons si, sur cette base, il ne donne pas satisfaction aux intérêts du Trésor.

Je vous ai dit que ce système nouveau reposait sur ce principe essentiellement moral, de ne pas donner d'argent à une Compagnie pour grossir les dividendes de ses actionnaires, de ne pas faire que l'argent des contribuables auquel on a fait allusion, avec raison, et dont je suis aussi ménager que personne, aille grossir les sommes données à des actionnaires qui touchent déjà 5 0/0 ou 6 0/0.

Quel est le moyen ? Celui précisément qui est employé par le Gouvernement : la petite subvention ; de façon que, lorsque la Compagnie est prospère, elle a une subvention de 750,000 francs qui n'est que du tiers de ce qu'elle devrait être dans le système des subventions anglaises. Quand, au contraire, l'année est mauvaise, quand le retour de notre expédition du Mexique, par exemple interrompt les relations commerciales ; lorsque la Compagnie perd dans son trafic plus de 60 0/0, et qu'elle est obligée de donner une somme inférieure comme dividende, n'est-il pas moral, je vous le demande, que le principe de la rémunération du service rendu soit appliqué, et que le Gouvernement vienne dire : Vous ne pouvez pas faire la guerre à vos frais.

L'honorable M. Ancel, que j'aime à citer, disait qu'en France nous ne sommes pas enclins à donner nos capitaux pour la marine, à les exposer sur l'eau. C'est vrai. Eh bien ! croyez-vous qu'un capital confié à une Compagnie maritime soit bien exigeant en vous demandant 5 p. 0/0 de garantie ? Évidemment vous répondrez que non.

Mais ce n'est pas là la question. Quelle est la mesure des sacrifices que l'État peut faire pour arriver à cette subvention ? Si vous voulez très-sincèrement vous rendre compte par vous-mêmes de ce qu'est cette subvention, veuillez me prêter encore votre bienveillente attention, et vous allez voir que cette subvention, qui est morale, juste, équitable en principe, est modérée dans son application au point de vue du Trésor.

Il faut toujours, en affaires, s'en rapporter, non pas seulement au raisonnement, mais à l'expérience. (Très-bien !)

La Compagnie Transatlantique est en exercice depuis 1865 ; qu'a-t-elle donné en 1865, en 1866 et en 1867 ?

Nous allons avoir une base d'appréciation pour les sacrifices de l'avenir en examinant ceux que le passé eût pu motiver, si la convention avait été faite avant 1865.

En 1865, la Compagnie a donné 9 p. 0/0 à ses actionnaires ; l'État eût touché quelque chose comme 2 ou 300,000 francs. En 1866, la Compagnie a donné 7 p. 0/0 ; l'État n'eût rien payé ; mais 1867 a été une année de désastres, dont je vous

ai signalé en partie les raisons, et où le trafic général de
l'Europe s'est trouvé atteint. En 1867, la Compagnie a donné
4 p. 0/0. Ah! voilà le moment de faire intervenir la garantie de
l'État; cette année désastreuse, qui, je l'espère, ne se renou-
vellera pas, quel sacrifice eût-elle coûté au gouvernement?
400,000 francs. Ainsi, cette mauvaise année, la dernière, je
ne saurais trop le répéter, eût coûté à l'État 400,000 francs
de garantie; 400,000 francs ajoutés à 750,000 francs de subvention constituent un total de 1,150,000 francs, inférieur de
6 à 700,000 francs à la subvention normale sur le titre consenti aux Messageries impériales, et de 1 million inférieur à
celui qu'on eût dû consentir à la Compagnie Transatlantique
en suivant les précédents anglais et les précédents de la Compagnie des Messageries impériales, car il y a là une comparaison à établir.

Je rends la plus complète justice au service de la Compagnie des Messageries impériales; mais il n'en est pas moins
vrai qu'elle a été favorisée, tout compte fait, d'une somme de
2,022,000 francs par an, comparativement à la Société générale Transatlantique; elle n'a pas eu de lutte, de rivalité à
soutenir; elle n'a pas eu l'obligation d'obtenir de grandes vitesses; elle se contente de navires de 800 chevaux et
d'une vitesse de neuf nœuds et demi, condition excellente
pour naviguer, comme je l'ai déjà déclaré; ainsi donc, si on
eût compté à la Compagnie Transatlantique les 18 centimes
15 par cheval-lieue, on serait arrivé à 2,022,000 francs, c'est-
à-dire l'équivalent de ce que la Compagnie des Messageries
impériales a obtenu pour son service de l'Indo-Chine.

La convention actuelle ne porte ce cheval-lieue qu'à 14 centimes par une raison fort simple; c'est que la Compagnie des
Messageries impériales avait déjà organisé tous ses comptoirs,
acheté tous ses lieux de dépôts, tous ses magasins pour établir son ancien service, de sorte qu'elle a pu se contenter de
14 centimes; mais, je le répète, j'ai basé mon raisonnement
sur 18 centimes 25. La Compagnie Transatlantique, au con-

traire, a toutes ces dépenses à faire au delà de Panama.

Ai-je démontré que le système est moral, simple, bon, et en même temps économique? Franchement, je le crois, Messieurs. (Oui! oui! — Très-bien!)

L'honorable M. Pouyer-Quertier, qui toujours nous cite l'Angleterre, me permettra de lui faire cette réflexion : Avons-nous inventé ce système de subvention aléatoire? Pas le moins du monde.

Voici ce qui s'était passé : la Compagnie Péninsulaire avait consenti une réduction considérable de sa subvention; fondée depuis vingt ans, elle avait dit : Je suis forte de l'expérience passée; je ne crains point la concurrence; je volerai de mes propres ailes, j'accepte volontairement la subvention restreinte du Gouvernement. Elle a eu tort, car bientôt elle a entamé son capital de plus de 4 millions.

Et les Anglais, qui ont des principes, mais qui ont surtout un principe, celui d'être pratiques, sont venus dire : Voilà une Compagnie qui va péricliter, il faut venir à son secours : la convention était exécutoire, mais elle était mauvaise. Nous ne dirions pas cela, nous (On rit), nous irions jusqu'au bout, et nous l'imposerions à la Compagnie jusqu'à sa ruine.

Le gouvernement et le parlement anglais ont compris autrement les véritables intérêts du commerce, et ils ont dit : Voilà une affaire mauvaise, nous allons organiser un autre système et chercher à la tirer d'affaire, et alors ils ont accordé à cette Compagnie, qui avait un contrat qu'on pouvait la forcer d'exécuter jusqu'à son dernier sou, une convention nouvelle garantissant non pas 5 p. 0/0 mais 6 p. 0/0 par an d'intérêt, non un maximum de 2 millions par an, mais de 2,500,000 francs.

Voilà, Messieurs, l'exemple de l'Angleterre. Eh bien, nous ne vous demandons de le suivre que de loin. La Commission a pensé qu'il ne pouvait y avoir là aucune objection sérieuse.

Dois-je maintenant parler des amendements de mon honorable collègue M. Pouyer-Quertier? C'est uniquement alors

pour ne pas avoir à remonter à cette tribune, où, croyez-moi,
je ne suis pas sur un lit de roses. (Hilarité générale.)

Un membre en face de l'orateur. Vous vous en tirez très-
bien.

M. le Rapporteur. Eh bien, Messieurs, dans un de ces amendements que je n'ai pas sous les yeux, M. Pouyer-Quertier,
entrant dans le système du gouvernement, propose seulement de ne faire porter la garantie que sur 18 millions.

Mon Dieu, c'est un amendement excellent ; seulement si on
l'adopte, il faut augmenter la subvention fixe : d'un côté on
perd, de l'autre on gagne, les besoins de la Compagnie étant
déterminés.

Si vous diminuez la garantie d'intérêt vous êtes obligés,
d'un autre côté, d'augmenter la subvention fixe.

Le second amendement consiste à ne payer l'avance de
l'État que plus tard, après l'achèvement des bateaux, et à lui
faire porter intérêt. Je n'ai qu'un mot à répondre à cela.

Quand on commande un bateau on en paye le tiers. Il faut
que la Compagnie ait le moyen de payer le tiers des bateaux
en les commandant ; on paye le second tiers après la moitié de
l'achèvement et le dernier tiers à la livraison. Je le répète,
jamais dans les conventions précédentes avec la Compagnie
des Messageries impériales on n'a demandé le moindre payement d'intérêt ; jamais on n'a refusé de lui faire l'avance avant
les travaux ; c'est une question de principe sur laquelle je
n'insiste pas.

Messieurs, je ne sais pas si j'ai porté la conviction dans vos
esprits ; mais enfin, si je n'ai pas réussi, n'en accusez absolument que moi-même ; pensez qu'il y a derrière moi une
Commission qui s'est émue aux bruits que l'on faisait courir
sur la Compagnie transatlantique ; pensez que vos neuf collègues ont étudié tous les détails de cette question, non pas
seulement comme des députés zélés et consciencieux, mais
encore comme de véritables honnêtes gens. (Vives marques

d'approbation. — Applaudissements. — L'orateur en retour-
nant à son banc reçoit de nombreuses félicitations.)

<hr>

DISCOURS DU 27 JUIN 1868

M. Thoinnet de la Turmélière, *rapporteur.* Messieurs, je
manquerais assurément de mémoire et de gratitude, si j'avais
oublié la bienveillance dont la Chambre m'a honoré à la
séance du 18 juin ; si aujourd'hui encore, bien malgré moi, et
quoique je n'eusse pas l'intention de rentrer dans le débat,
je suis obligé de faire appel à cette même bienveillance, c'est
d'abord parce que les incidents qui se sont produits m'y for-
cent ; c'est ensuite parce que je ne suis nullement préparé à
cette discussion, et, s'il m'est permis d'ajouter une raison personnelle, parce que mon état de santé me rendra insuffisant,
je le crains, pour la tâche que j'ai à remplir. (Très-bien ! —
Parlez ! parlez !)

Je dois reconnaître cependant que ce qui facilite ma tâche
en me représentant à cette tribune, c'est que je n'aurai, au
grand détriment de la Chambre, qu'à reproduire les arguments que j'ai déjà fait valoir devant elle dans une précédente
séance ; car, sous prétexte de développer son amendement, qui
était sérieux, qui était discutable, mon honorable contradicteur n'a fait lui-même que reproduire les arguments qu'il
avait déjà présentés sur le matériel de la Compagnie, sur
l'insuffisance de son fonds d'amortissement.

Nous nous trouvons donc toujours engagés dans une discussion générale sur la Compagnie Transatlantique, sur son

actif, sur son passif, sur son état financier, comme si aucun
des arguments et des faits du rapport que j'ai eu l'honneur de
lire hier à cette tribune n'avait porté la lumière, ou, du moins,
le doute dans l'esprit de notre honorable collègue, comme si,
d'ailleurs, la question du matériel, de la valeur de ce matériel,
était pour quelque chose dans la convention que nous vous
proposons d'approuver. (C'est cela ! — Très-bien !)

Permettez-moi, Messieurs, en y répondant, de reprendre
le discours de l'honorable M. Pouyer-Quertier à l'envers,
c'est-à-dire de répondre tout d'abord au dernier fait qu'il a
énoncé, fait dans lequel je suis engagé personnellement ; je
veux parler de la mention, dans mon rapport, du nom de
M. Dupuy de Lôme.

C'est vrai, — et, à ce sujet, ma loyauté n'a pas été mise en
suspicion par l'honorable préopinant, pas plus, je l'espère,
qu'elle n'y sera mise par la Chambre (Non ! non !) — c'est
vrai, je me hâte de l'avouer, je me suis trompé en citant le
nom de M. Dupuy de Lôme comme celui du président d'une
commission qui aurait contrôlé le matériel naval de la Compagnie Transatlantique. Une commission de réception a bien
véritablement existé, mais c'est par suite d'une confusion qui
s'est faite dans mon esprit, ou plutôt c'est instinctivement que
je lui ai donné pour président l'homme que j'aurais voulu
voir mis à sa tête en cette qualité. (Hilarité générale. —
Très-bien !)

Je savais que l'honorable M. Dupuy de Lôme avait été
consulté officieusement, sa lettre en fait foi, et cette consul-
tation officieuse était restée dans ma pensée comme un acte
important, comme un acte de la commission qui avait été
chargée, en vertu de l'article 20 des Statuts, qui sont la loi
des parties, de vérifier, avant la mise en service, les bateaux
de la Compagnie.

Permettez-moi de lire cet article 20 des Statuts ; il est ainsi
conçu :

« Les bâtiments affectés au service des lignes mentionnées

à l'article 1ᵉʳ ne seront employés qu'après avoir été examinés et reçus par une commission spéciale nommée par le Ministre des finances, laquelle aura seule qualité pour autoriser la mise en service. Cette commission s'assurera que les bâtiments satisfont aux conditions suivantes :

« 1° Que les navires et les appareils sont en bon état, d'une solidité suffisante et propres aux services postal et commercial auxquels il sont destinés.

« 2° Que les chaudières peuvent supporter le froid, sans déformations sensibles, la charge d'épreuve en usage dans la marine impériale.

« 3° Qu'au tirant d'eau moyen correspondant au demi-chargement, les vitesses des navires sont supérieures de deux nœuds aux vitesses moyennes fixées pour chaque ligne, à l'exception de celle de la ligne de New-York, dont la vitesse d'essai pourra ne pas dépasser treize nœuds. »

« 4° — Je lis tous les paragraphes, car il faut que la Chambre soit instruite de toutes les conditions imposées par le Gouvernement à ce matériel qu'on dit ruiné, — « 4° que le travail des machines, mesuré sur les pistons au moyen de l'indicateur, est égal à autant de fois 200 kilogrammes par seconde qu'il y a de chevaux dans la puissance nominale mentionnée dans l'article 17 ci-dessus, savoir :

« 70 chevaux, etc. »

Ainsi il y a eu une commission.

M. Ernest Picard. Vous n'avez pas lu le rapport ?

M. le Rapporteur. L'honorable M. Picard me demande si j'ai lu le rapport. Non ; mais du moment que les bateaux ont été mis à l'eau, c'est que le rapport était conforme aux prescriptions de la loi.

Il y donc eu une commission ; cette commission a été composée d'hommes spéciaux, car je défie quiconque ne serait pas un homme spécial d'examiner et de vérifier les différents détails que je viens de faire connaître à la Chambre et qui sont la base de l'examen auquel cette commission doit se livrer.

M. Jules Favre. Cela se fait d'instinct. (On rit.)

M. le Rapporteur. Non ! Chaque fois qu'un bâtiment est terminé et avant qu'il soit mis à l'eau, il est soumis à l'inspection d'une commission spéciale, composée, comme il vient d'être dit, d'hommes spéciaux, et présidée par un capitaine de la marine impériale désigné par le ministre de la marine.

M. Ernest Picard. Cette commission fait un rapport, sans doute.

M. Haudry de Janvry, *conseiller d'État, commissaire du gouvernement.* Elle a fait un rapport ; tous les rapports sont déposés au ministère des finances.

M. le Rapporteur. Sur la question que je traitais à l'instant, il vient de m'arriver une note. Je ne veux pas la lire à la Chambre...

Sur divers bancs : Lisez ! lisez !

M. le Rapporteur. Car il y a une espèce de contradiction entre les souvenirs de M. Dupuy de Lôme et ce que mon honorable correspondant affirme être la vérité. Je lirai cette note, si la Chambre l'exige ; mais je ne la prends pas sous ma responsabilité.

M. le Président Schneider. Si vous ne la prenez pas sous votre responsabilité, il est inutile de la lire. (Très-bien ! — vous avez raison !)

M. le Rapporteur. Eh bien ! je ne la lirai pas.

M. Émile Pereire. Messieurs, permettez-moi !.... (Bruit.)

De divers côtés : N'interrompez pas ! n'interrompez pas !

M. le Rapporteur. Je vous prie, monsieur Pereire, de ne pas m'interrompre. Je veux seulement préciser le degré de confiance qu'on doit avoir dans la commission qui a vérifié les bâtiments au point de vue des conditions techniques, conditions de la réalisation desquelles une personne étrangère au génie maritime ne pourrait s'assurer sérieusement. C'est au sujet de cette commission que j'ai commis une confusion en disant que l'honorable M. Dupuy de Lôme, auquel on n'avait demandé que certains avis officieux, avait été placé à sa tête. C'était, paraît-il, une erreur de ma part, je l'accorde, je fais ma confession, la Chambre m'absoudra, mais il reste acquis qu'une commission a vérifié le matériel de la Compagnie et que cette commission était très-compétente.

Encore un mot, Messieurs, avant d'entrer dans le cœur du débat. (Parlez ! parlez !)

L'honorable M. Pouyer-Quertier a paru d'abord en dissentiment avec les souvenirs de l'honorable M. Anselme Fleury et les miens, au sujet de ce qui s'est passé au sein de la Commission ; mais, au fond, nous sommes tous d'accord. L'honorable M. Pouyer-Quertier et l'honorable M. Brame avaient averti la Commission que si elle acceptait l'amendement de l'honorable M. Quesné, ils retireraient leurs amendements, que si elle ne l'acceptait pas ils maintiendraient celui qui concerne les vitesses. La Commission, n'ayant pas adopté l'amendement de M. Quesné, par les raisons que j'ai expliquées dans mon rapport, a dû discuter cet amendement qui seul était resté devant elle. Mais ici nos honorables collègues sont dans leur droit en reprenant leurs amendements, car, je le reconnais, les amendements ne sont pas présentés à la Commission, ils sont présentés à la Chambre ; leurs auteurs ont toujours le droit de les développer dans cette enceinte.

Eh bien ! suivant l'ordre que je me suis imposé, arrivons donc de suite à la question, absolument oiseuse, de savoir ce qu'est le matériel de la Compagnie Transatlantique ; je vous prouverai qu'elle est absolument oiseuse ; mais enfin, puisqu'elle a été affirmée dans un sens, affirmons-la dans le sens qui nous semble la vérité.

L'honorable M. Pouyer-Quertier a cru devoir fortifier son amendement, qui concerne les vitesses, par une grande partie des arguments qu'il avait déjà développés. Quand j'ai eu l'honneur de parler à la Chambre, désireux d'abréger les instants qu'elle voulait bien me consacrer, j'avais passé, et j'avais indiqué que je les passais, le plus grand nombre des pièces à l'appui de mon argumentation. Ainsi, pour le matériel de la Compagnie, il y a quelques jours, je ne me rappelle plus exactement la séance, l'honorable M. Pouyer-Quertier disait que les bateaux de la Compagnie Transatlantique étaient des cribles, ce qu'on appelle, en langage de marine, des paniers à salade. (Rires sur quelques bancs.) Eh bien! si ce sont des paniers à salade, savez-vous quel risque les assureurs devraient leur faire payer? 30 à 40 0/0.

J'ai là la déclaration des courtiers d'assurances de Paris, compagnie privilégiée, dont les assertions ont absolument l'authenticité d'un acte notarié. Voici ce que dit la commission des courtiers assureurs de Paris :

« Nous soussignés, courtiers jurés d'assurances près la Bourse de Paris, certifions que les paquebots de la Compagnie générale Transatlantique sont considérés comme des vapeurs de premier ordre par les assureurs de Paris ; que les assurances sur ces vapeurs s'effectuent avec la plus grande facilité, même à des primes de faveur ; que les assurances sur les cargaisons qu'ils emportent se traitent également avec la plus grande facilité et sont considérées comme des risques de premier choix ; que notamment sur le taux courant des assurances du Havre à New-York, le cours de la place constate une réduction spéciale de prime en faveur des chargeurs qui mettent leurs marchandises à bord des vapeurs de la Compagnie générale Transatlantique.

« En foi de quoi nous avons délivré le présent certificat.

« Paris, ce 25 juin 1868. »

(Suivent les signatures.)

Il n'y a pas là que l'assertion des courtiers, il y a l'assertion du capital qui ne s'égare pas volontiers, qui ne va pas se

prêter, soit comme assurance, soit autrement, à des indus-
tries, à des affaires qui ne sont pas sérieuses et qui n'ont
pas de chances de faire revenir ce capital, de le reconstituer,
soit avec primes, soit avec des intérêts élevés. Ainsi il est
constaté que les paquebots de la Compagnie Transatlantique
sont considérés comme excellents par les gens qui les assurent, et non-seulement par les gens qui les assurent, mais
par les gens qui prêtent leur argent pour les assurer.

Il y a là, Messieurs, un argument d'une très-grande force
dans cette constatation, parce que l'on ne fera croire à personne
que le capital irait volontier se confier à des assurances destinées à des navires qui seraient des *paniers à salade*.

Messieurs, cette flotte, qui est assurée si facilement est-elle
bien entretenue, est-elle en bon état?

Mais là encore, j'ai les notes les plus positives, qui présen-
tent les données les plus certaines et qui constatent que ces
navires sont dans les meilleures conditions de navigation.

Rien ne m'est plus pénible que d'être obligé de lire à la
Chambre des documents qui, sans être authentiques, sont
très-vrais. J'affirme donc pour les grands paquebots que,
sauf la *Louisiane* et la *Floride*, qui datent de 1862, quatorze
ont été construits en 1865 et 1866 ; que tous ces paquebots,
admirablement construits, font le meilleur service, et que le
service en garantit l'excellent état.

Comment! vous voudriez que des paquebots qui n'ont aucune valeur accomplissent des traversées dans des conditions
supérieures à celles des navires anglais qui sont subvention-
nés aussi? Il est impossible d'admettre que si ces bateaux ne
sont pas bons, ils atteignent des vitesses supérieures à celles
qu'atteignent nos voisins, si désireux de nous primer sur tous
les marchés de l'Europe et du monde !

Voilà donc ce matériel ; il est excellent et affirmé excellent par le service qu'il fait et par tous les navigateurs et les
constructeurs qui ont pu donner des attestations en sa faveur.

Maintenant, il est vrai, ce matériel se diminue évidemment tous les ans par le trafic pénible qu'il doit faire ; mais arrivons à la question d'assurance avant la question d'amortissement. L'honorable M. Pouyer-Quertier nous dit : Le fonds d'assurances de la Compagnie Transatlantique n'est pas complet ; la Compagnie du Royal Mail, dont le matériel ne représente plus que 22 millions, possède 5 millions de fonds d'assurances. Quelle différence ! La Compagnie Transatlantique a un matériel... — que M. Pouyer-Quertier, pour le besoin de sa discussion, porte maintenant à 65 millions, afin de faire ressortir a l'écart entre l'élévation du capital et la faiblesse de la réserve d'assurance, tandis que quand il veut l'apprécier à un autre point des vue, il le déprécie dans une proportion considérable ; je note ce détail en passant. — La Compagnie Transatlantique a un matériel qui, d'après le rapport, est de 52 millions seulement.

Messieurs, vous savez quelle est la loi sur les majorations maritimes pour l'assurance des vapeurs. Il est convenu, il est acquis d'après des tables de probabilité, — et il y a en Europe et surtout en Hollande des Compagnies d'assurances qui là-dessus ont des tables qui remontent très-loin et qui sont d'une probabilité qui arrive presque à la certitude, — il est acquis que, sur 22 navires, une compagnie peut n'en assurer que deux. Eh bien, Messieurs, c'est ce qui est arrivé dans l'espèce. La Compagnie n'en assure que deux, et pour le reste elle s'assure elle-même.

Mais voyons quel est le jeu de cette assurance et la situation de la Compagnie.

Dans ce système, Messieurs, la Compagnie ne reste assureur que pour 2 millions au plus sur chacun de ses paquebots ; la différence est assurée en la répartissant entre les compagnies d'assurances de Paris. Si la Compagnie perdait un paquebot du coût de 4 millions, elle perdrait 2 millions sur son compte de réserve, mais elle recouvrerait 2 millions des mains des assureurs de Paris, souscripteurs de la moitié du risque.

Si elle perdait dans la même année, chose extraordinaire qui ne s'est jamais présentée, deux paquebots d'une valeur de 4 millions chacun, ce serait pour elle une perte de deux fois 2 millions, et elle serait encore à même de couvrir cette perte, parce qu'en outre du fonds de réserve d'assurance de millions inscrits à son passif à son dernier bilan du 27 décembre 1867, pour l'exercice courant, pour l'année 1868, elle gagne déjà, au moyen des risques dont elle est chargée, une somme de 1,400,000 à 1,500,000 francs qui vient augmenter son fonds de réserve et le porte à 4,500,000 francs. De plus, dans l'hypothèse indiquée, la Compagnie recevrait deux fois 2 millions des assureurs de Paris souscripteurs des deux risques et remboursant leur part de perte.

Elle aurait donc 4 millions effectifs au moyen desquels elle achèterait ou ferait construire, soit un paquebot, soit les deux qui manqueraient dans son service.

L'honorable M. Pouyer-Quertier dit : « La Compagnie du Royal Mail a 5 millions d'assurances sur 22 de capital.

Quand la Compagnie Transatlantique aura 15 ou 20 années d'existence, elle possédera un fonds d'assurances bien plus considérable. Si elle ne fait pas de pertes, le fonds d'assurances augmente constamment, de même qu'il y a augmentation pour l'amortissement, dont je parlerai tout à l'heure.

Ce que l'honorable M. Pouyer-Quertier ignore en outre, c'est qu'indépendamment de ce fonds de réserve, dont j'ai précisé l'importance, la Compagnie a deux paquebots qui ne font rien. Ils ne sont pas pourrissant dans les ports du Havre et de Saint-Nazaire; non, ils sont là à la disposition de la Compagnie. De sorte que son service ne serait pas un seul instant interrompu en cas de sinistre; en attendant le remplacement des paquebots, au moyen des sommes disponibles sur le fonds d'assurances, le service continuerait à fonctionner régulièrement avec les paquebots qu'elle tient en réserve, qui ne courent aucun risque de perte puisqu'ils sont dans les bassins de nos ports.

Ainsi, les objections de l'honorable M. Pouyer-Quertier, soit à l'égard du matériel, soit en ce qui touche l'assurance, sont absolument sans fondement; je demande pardon de le lui dire, ils ne sont que la répétition de ce qu'il a déjà soutenu devant la Chambre et de ce que j'ai déjà été obligé de contredire après lui.

Arrivons à la question de l'amortissement.

Ah! voilà encore un grand cheval de bataille! Je répète que je ne veux pas perdre de vue que toute cette discussion est inutile devant la Chambre; mais il faut que le public, que le pays sache qu'il n'est pas exact de dire que la Compagnie des transatlantiques n'a pas de matériel, qu'elle n'a rien, qu'elle n'offre aucunes garanties.

M. Pouyer-Quertier. Je n'ai jamais dit cela : j'ai dit qu'elle était ruinée. (Murmures.)

M. le Rapporteur. C'est votre opinion ; mais cependant elle ne vous demande pas d'argent.

M. le Président Schneider. Monsieur Pouyer-Quertier, je crois qu'il serait bon de ne pas abuser de ces mots-là. (Trèsbien !)

M. Adolphe Guéroult. Notre honorable collègue M. Ancel pourrait renseigner la Chambre sur la valeur intrinsèque des bâtiments de la Compagnie qui sont au Havre.

M. le Président Schneider. Il vous renseignera, soit! mais écoutez d'abord M. le Rapporteur.

M. Jules Favre. Il faut donner à faire cet examen à la commission, en lui renvoyant l'amendement.

M. le Rapporteur. Notre honorable collègue M. Pouyer-Quertier a toujours pris un terme de comparaison que je demande la permission de ne pas accepter entièrement. Si j'avais pu me renseigner en Angleterre comme M. Pouyer-

Quertier a pu le faire, j'aurais pu, soit au point de vue de la Compagnie du Royal-Mail, soit au point de vue de la Compagnie Péninsulaire, opposer à ses chiffres des chiffres tout aussi probants. Mais pourquoi aller chercher des exemples si loin ; pourquoi aller en Angleterre chercher un terme de comparaison que nous pouvons trouver sous nos yeux ?

Qui est-ce qui doute que la Compagnie des Messageries impériales ne soit sagement administrée ? qui doute que son matériel ne soit bon et ne réponde à toutes les exigences en offrant toutes les garanties possibles ?

Eh bien ! si vous avez ce type sous les yeux et si vous en êtes satisfaits, il satisfera aussi M. Pouyer-Quertier, puisqu'il n'a pas critiqué l'amortissement de la Compagnie des Messageries impériales. Pourquoi aller chercher en Angleterre un type qui n'offre aucun point de comparaison ni au point de vue de la fondation, ni au point de vue du développement et de la durée des compagnies ? Il a notre compagnie type, les Messageries impériales, qui a plus d'expérience que la Compagnie Transatlantique et qui est favorisée par les conventions, il faut le redire.

Que fait cette Compagnie ? Distribue-t-elle 4 0/0 à ses actionnaires ? Non, elle distribue 10 0/0 : elle est donc riche, elle pourrait, sur ce capital qu'elle donne comme intérêts et dividende à ses actionnaires, prendre une somme considérable pour former son fonds d'amortissement. Eh bien, j'ai là le tableau extrait des comptes rendus aux actionnaires de la Compagnie des Messageries impériales, comprenant la proportion de l'amortissement portée pour dépréciation, usure de matériel postal depuis 1857 sur la valeur du matériel comparé au prix d'achat et de construction. Je ne veux pas lire ce tableau, parce que, comme je suis plus souvent spectateur, auditeur des débats, j'aime mieux, je l'avoue, entendre un collègue parler que de l'entendre lire ; mais il faut cependant que je donne lecture de la *quotité* du prélèvement proportion-

nel à l'importance du matériel figurant à l'inventaire dans les
exercices suivants :

En 1857..................	2 3/4 0/0
En 1858..................	4 1/4
En 1859..................	5 1/4
En 1860..................	4 1/2
En 1861..................	4 0/0
En 1862..................	4 1/6
En 1863..................	3,80
En 1864..................	4,10
En 1865..................	3 1/2
En 1866..................	3,60

Eh bien ! si l'on compare ces tableaux que j'ai sous les yeux
à ceux de la Compagnie générale Transatlantique on arrive,
chose surprenante peut-être pour quelques-uns d'entre
nous, à la certitude que la Compagnie générale Transatlantique amortit dans une proportion aussi considérable que sa
voisine.

Voici un tableau assez long qui indique l'amortissement de
la Compagnie Transatlantique ; j'en fais grâce à la Chambre,
mais je lui en donne le résumé : en 1862, 5 0/0 ; en 1863,
4,50 0/0 ; en 1864, 4 0/0 ; en 1865, 4,50 0/0 ; en 1866,
4, 60 0/0 ; en 1867, 3,75 0/0. L'année 1867 a été particulièrement désastreuse ; — je ne veux pas en rappeler les
causes, je laisse ce soin à nos honorables contradicteurs —
pour la Compagnie générale Transatlantique qui faisait le service de la Vera-Cruz.

L'amortissement du matériel maritime de la Compagnie est
donc, sinon supérieur, du moins égal à celui des compagnies
les mieux administrées.

Est-il suffisant ? Je n'ai pas besoin de l'examiner ; mais
vous présentant une Compagnie qui a toutes vos sympathies,
toutes vos faveurs, et qui ne fait pas mieux, qui fait peut-être
moins, je suis autorisé à dire qu'il est suffisant.

Arrivons à la question de majoration qui touche à celle du matériel maritime.

M. Pouyer-Quertier sait parfaitement lire dans un bilan, beaucoup mieux que moi, je n'hésite pas à le déclarer. Seulement il me permettra de lui dire que, pour bien lire un bilan, il faut en lire les deux pages, car un bilan se compose d'un actif et d'un passif. Or, s'il voit à l'actif que tel navire porté pour une somme de 2,500,000 francs, par exemple, se trouve porté deux ans plus tard avec une majoration de 200 ou 300,000 francs, il ne voit pas que cette majoration est compensée par l'inscription au passif d'une somme égale. (C'est cela !)

Cela résulte d'un système de comptabilité que je ne discute pas, mais qui est parfaitement sincère et légitime.

M. Émile Ollivier. Expliquez-le, ce système.

M. le Rapporteur. Croyez-vous que cette majoration ne soit que la conséquence de réparations résultant de mauvaises constructions primitives ? Pas le moins du monde.

J'étais à Nantes, il y a trois jours, et j'ai eu une longue conversation à ce sujet avec un homme qui y est aimé et estimé et qui est placé au premier rang des constructeurs de cette ville : M. Guibert, ingénieur directeur de la maison Gouin, dont personne ne peut contester la capacité. Que me disait M. Guibert ? Ne croyez pas que certaines dépenses faites sur tel navire soient la représentation de réparations faites par suite de vices de construction, et qu'il n'y ait pas là une valeur réelle apportée à l'actif.

Je vais vous prouver cette vérité, comme il me l'a prouvée lui-même.

Ces dépenses ont eu pour résultat une augmentation de tonnage de 600 tonnes, pour lesquelles la Compagnie perçoit le fret qu'elle doit percevoir.

Ce n'est pas tout : il y a une augmentation de 100 cabines ; à 2,000 francs ou 2,500 francs par voyage, vous pouvez juger du bénéfice nouveau procuré à la Compagnie. Je ne sais pas au juste le prix du passage, par conséquent ne prenez cette évaluation que comme une approximation ; mais enfin vous voyez quel chiffre de trafic le tonnage augmenté et les cabines ajoutées donnent en plus.

Ce n'est pas tout encore : ce condenseur à surface dont l'honorable M. Pouyer-Quertier a parlé représente sans doute une dépense, mais bien dépassée par l'économie considérable de combustible. Supposez-la de 25 ou 30 tonnes par jour, c'est encore un bénéfice certain, liquide, qui tombe dans les caisses de la Compagnie.

Il n'y a donc pas là majoration, il y a l'évaluation réelle, sincère d'une augmentation considérable de valeur du matériel.

Je crois avoir répondu aux trois objections qui ont été faites, et s'il y en avait une seule qui fût restée sans réponse, je serais heureux de pouvoir la réfuter immédiatement.

Mauvais matériel ! — Il est bon. — Insuffisance d'assurance ! — Elle est telle qu'elle doit être.

Je me permettrai d'insister sur une proposition :

Quand une compagnie a amorti une partie de son matériel, le fonds d'assurances qu'elle présente sur son bilan est beaucoup plus considérable qu'au début ; mais il n'est pas plus considérable que celui qui figurera au bilan de la Compagnie Transatlantique dans quinze ans. Celui-ci sera à peu près dans la même proportion, car il n'y a qu'une différence de 1 ou de 2 0/0.

En terminant, et pour revenir à l'amendement de l'honorable M. Pouyer-Quertier, je ne saurais trop répéter que tout ce que je viens de dire est en dehors de la question, car quand bien même le matériel de la Compagnie Transatlantique ne représenterait que 10,000 francs, chiffre absurde, insensé, que je n'indique que pour donner de la force à mon raisonnement, qu'importerait au gouvernement? Garantit-il ce matériel? A-t-il à chercher à en maintenir l'évaluation, à en assurer la conservation dans de bonnes conditions? Pas le moins du monde. Si l'honorable M. Pouyer-Quertier trouve les conditions que l'État fait à la Compagnie Transatlantique onéreuses, — et c'est le fond de sa pensée, il trouve onéreuses toutes les subventions qu'on donne à l'industrie privée, — il doit désirer que ce matériel ne vaille rien pour que la Compagnie cesse son service. (Exclamations sur quelques bancs.) Car le jour où il cessera, la subvention tombera ; le jour où la Compagnie Transatlantique n'aura pas exécuté un ou deux voyages dans les conditions où elle doit les exécuter, elle sera déchue de ses subventions et l'État rentrera dans la pleine possession des fonds qui étaient destinés à les payer, et qu'il peut retenir, remarquez-le, puisqu'il les a entre les mains.

En dehors de la subvention, l'État garantit par la convention une avance de 4 millions. Or, nous avons, nous réunissant à l'avis exprimé par M. le ministre d'État, adopté l'amendement proposé par l'honorable M. Pouyer-Quertier, qui assure le remboursement de ces 4 millions, en stipulant qu'ils ne seront payés qu'après la mise à l'eau des bateaux et après constatation de leur excellente confection par un inventaire régulier.

Nous nous sommes, en ce point, associés avec un grand empressement aux désirs du Corps législatif. L'État a là une garantie, mais n'entend garantir qu'une chose : l'exécution du service. Si la Compagnie ne l'exécute pas, la convention est nulle et non avenue.

Arrivons à l'amendement de M. Pouyer-Quertier. Il consiste à demander que d'ores et déjà, en prévision d'un avenir qui peut ne pas se réaliser, on impose à la Compagnie des vitesses supérieures à celles pour lesquelles elle est payée. La vitesse c'est de l'argent, et quand vous demandez dix nœuds à une compagnie, vous lui demandez un service qui lui coûte tant ; si vous lui demandez onze nœuds, c'est tant ; si vous lui demandez douze nœuds, c'est davantage. Vous voulez imposer à la Compagnie l'obligation de suivre tous les perfectionnements que le hasard ou les travaux des savants et des gens de mer pourront réaliser. Mais il faut être deux pour contracter, et si vous demandiez un pareil contrat à n'importe quelle compagnie, elle le refuserait, à moins que vous ne lui donniez, comme compensation, un plus large aléa. Pourquoi n'avoir pas imposé ces conditions à la Compagnie des Messageries impériales, qui accomplit les mêmes services et de plus étendus encore ? Je l'ignore ; mais je constate que, si vous demandez à une compagnie des engagements aussi aléatoires que ceux dont on parle, il lui est impossible de les accepter, à moins que vous n'augmentiez la subvention ; on ne saurait trop l'affirmer, toutes ces réductions de tarifs, d'un côté, et de l'autre toutes ces exagérations de dépenses imposées à des compagnies se résument toujours par un préjudice causé à l'État par suite de l'augmentation nécessaire d'une subvention qui n'est que la représentation de la dépense exigée par le service que la compagnie doit faire.

La commission a repoussé l'amendement à l'unanimité, et, Messieurs, vous eussiez été comme nous les premiers à repousser les conditions qu'il propose, parce que vous voulez une transaction sérieuse et reposant sur des bases solides, étudiées à l'avance, et non pas sur un caprice, sur un aléa. D'un autre côté, si en prévision de cet aléa vous augmentez la subvention, il pourrait se trouver que la Compagnie, n'ayant pas été dépassée comme vitesse par une compagnie étrangère, jouirait d'une subvention beaucoup trop considérable. L'honorable M. Pouyer-Quertier, dans sa discussion, a d'ailleurs pour ainsi dire abandonné cet amendement, car il a surtout concentré ses efforts sur le matériel de la Compagnie.

Je ne devais pas prendre la parole : j'ai été introduit dans le débat, comme je l'ai dit en commençant, par une question personnelle ; j'ai peut-être abusé des instants de la Chambre (Non ! non !), mais j'ai voulu répondre très-nettement et très-catégoriquement, autant que mes forces ont pu y suffire, aux arguments présentés par l'honorable M. Pouyer-Quertier. (Marques nombreuses d'approbation.)